4,258万回の「こんにちは」

おもてなし魂を育んだ『ヘップボーイ』の軌跡

的場みな子 著

西日本出版社

はじめに

「こんにちは」

私は、この挨拶の言葉に特別な思いを持っています。

10年間、4258万回の「こんにちは」と共にお客様をお迎えし続けた若者達がいました。お帰りになる際の挨拶も含めれば、6000万回以上になったことでしょう。

たくさんの人で賑わう、大阪のキタとよばれる街、梅田にあるファッションビル「HEPファイブ」の入り口で、一日中、「こんにちは」と笑顔でお客様にお声かけをしていたインフォメーションスタッフです。

シャープな制服にトレードマークのインカムをつけた彼らは、インフォメーション係として、毎日多くのお客様をお迎えしていました。他の施設と違うのは、彼らが男性であり、カウンターでお客様を待つのではなく、みずから動いて、お客様のお尋ねごとにお応えしていたことです。

彼らの正式名称は「ファイブインフォメーションシステム（FIS）スタッフ」。いつからかお客様に「ヘップボーイ」と名づけていただき、親しみを込めて呼ばれるようになりました。

20歳前後のどこにでもいる普通の男の子達、ほとんどが大学生のアルバイトでしたが、オーディションに合格し、厳しい訓練を経てデビュー。仕事で経験した様々な出来事をきっかけに、自身を見つめ直し、苦悩し、奮闘し、成長していくさまに、私はマネージャーとして、よりそってきました。

彼らが、**純粋に仕事に取り組むことで形を作ることができた「おもてなし魂」**。それは、長年サービス業の接客研修に携わってきた私に、改めて「接客の原点はここにあり」と思わせてくれるものでした。振り返ってみると彼らを通して、おもてなしのあり方、人との関わり方を自分に問いながら、日々を過ごしてきたように思います。

２００８年9月末で、彼らはその役目を終えました。もうあの場所で、あのようにお客様をお迎えして、笑顔で挨拶をすることはありません。

皆様に、ヘップボーイの原点である「こんにちは」という挨拶に込められた思いや、お客様と接することで得た喜び、そして悩んだことをお伝えしたいと思い、この原稿を書き始めました。

お客様のために、そして自己の成長を目指して、前に進もうと手さぐりで努力してきた彼らの等身大の姿を通して、接客の真髄とは何か、サービス業の現場で本当に必要なものは何かを伝えたいと思います。彼らが歩んだ道のり、残したものは、マニュアルにしばられた画一的な接客ではなく、新しい形であると同時に、一個人としての、「自己啓発」にもつながりました。

「僕達は、お客様や仲間、スタッフ、多くの人に育てていただきました」

これは、彼らが常日頃言っていた言葉です。

ヘップボーイ達とマネージャーの私が、この「ＨＥＰファイブ」で出会った皆様に感謝を込めて、また、サービス業に関わる全ての皆様に、私達の10年間をお届けいたします。

CONTENTS

4,258万回の「こんにちは」おもてなし魂を育んだ『ヘップボーイ』の軌跡

第1章

「動くインフォメーション」が誕生するまで

大阪の繁華街「キタ」の中心地、ビルが立ち並ぶ梅田。ビルの屋上に、その建物の一部として設置された、真っ赤な大きい観覧車。冷暖房完備の観覧車をビルに組み込んだ世界初の商業施設。これがファッションビル「ＨＥＰファイブ」です。

１９９８年に開業、11年経った今でも大阪、梅田の名所として、多くの観光客や若者で賑わっています。

この施設は、１９９５年に閉館したファッションビル、旧阪急ファイブ、旧コマ劇場跡地の再開発事業として、１９９６年に着工。工事期間を経て「ＨＥＰファイブ」として、再デビューをしました。

「ＨＥＰファイブ」の1階エントランスには、米米ＣＬＵＢのボーカルとして活躍するアーティスト、石井竜也さんがプロデュースした巨大な赤いクジラがぶら下がっています。その全長は約20ｍもあり、初めてご覧になった方のほとんどから「驚きのリアクション」があるほど、インパクトのあるオブジェです。

明るくて、斬新で、時代の先端を行くファッションビル。

そこに生まれたのが、日本で初めての「動くインフォメーション」でした。

「ＨＥＰファイブ」の開業からさかのぼること3年。

当時私は、勤めていたコンサルティング会社を退職し、色彩学について学ぶために、ニューヨークに留学をしていました。接客研修の講師として人材教育に携わる中で、人の見た目や第一印象に強い影響を与える色について興味を持ち、以前から大好きなニューヨークで本場の色彩学を学ぼうと考えたのです。

ある日、滞在先にあわてた様子で1本の国際電話がかかってきました。それまで勤めていた会社の上司で、後に今の会社の社長となる中村茂からでした。

「阪急不動産（株）の清水社長（当時）から、日本に無いお客様サービスを探してきてほしいと伝言を頼まれた」

というものでした。

「そんな、漠然とお客様サービスと言われても……、どうしたものか」

私はとまどいました。とにかく当ってみるしかない。

「お客様対応の窓口となるカスタマーサービスなら、特別なサービスをしているかもしれない」

と、勇気を出して、まずニューヨークの代表的な百貨店である「バーニーズNY」のカウンターに聞きに行きました。

「どうぞ教えてください。こちらには、どのような種類のサービスがあるのですか？」

「そうね。お店の案内、お客様の相談、お客様のお声対応といった顧客サービス全般かしら」

親切に説明してくれたその内容は、日本の百貨店のサービスとなんら変わらないものでした。日本で聞いたことのないサービスだと思うものはなかったのです。

さらに、「サックスフィフスアベニュー」「ブルーミングデールズ」等、名だたる百貨店やショッピングビルのカスタマーサービスにも聞きに行きましたが、どこでも同じ回答でした。

最後に表現力豊かなジェスチャーを交えて、

「……それだけよ。特別なことはしていないわ」

と締めくくるのも同じでした。

特別なことはしていない、ということは普通にしているということ。

これでは、なんとも報告しづらい。

悩みましたが、他に報告することが無いので仕方がありません。「何も特別なことはしていないようですが、ニューヨークにいる間に、できる限り多くのことを見ておきます」と、とりあえず付け加えて終えたのでした。

その後、できる限り色々な人気スポットや商業施設に足を運びました。特別なサービスだと思えるものは無かったのですが、お店の人との会話や、やりとりの中で楽しい気分にさせてくれるところが多かったような印象がありました。

どこにも無いインフォメーションとは

10カ月の留学を終えて帰国した私を待っていたのは、中村が興した会社で、新しくオープンする「ＨＥＰファイブ」のシステムをコンサルティングするという仕事でした。IT（情報技術）システムやインフォメーションシステムについて色々検討する中に、ニューヨーク滞在中にリサーチを依頼された、「どこにも無いサービス」が再び台頭してくるのです。

そこには清水社長の強い意志が感じられました。

お客様をお迎えするための「エンターテイメント性」を大切に、全てにおいて新しい「オンリーワン」的要素を取り入れて進行していました。「エンターテイメントはおもてなし」だと解釈し、清水社長のリーダーシップのもと、どんどん具体化されていくのでした。

さて、この時はちょうどIT時代到来といわれ、世の中のあらゆるジャンルでデジタル化が進められていた頃でした。そのシステムの一例として、お客様をお迎えした後、ご案内を含め全館の情報をコンピューターに一元化して、各設備と直結の上、遠隔制御する方式など、最新のIT方式が提案、討議されていました。

各フロアのエレベーター前にはパソコンを複数台設置して、全館画面案内や観覧車内からのレストラン予約システム等々。現在では、あちらこちらで見られるシステムが、既に1996年頃にプランの一部として検討されていたのでした。

ただし、一日10万人のご来館に際し、端末機器を何台設置すればいいのか？　子ども達がゲームやインターネット目的でパソコンを独占してしまったら、本当に案内が必要なお客様に対してシステムが活かされるのか？　といった各仮定問題に満足な答えが見いだせない迷いの中、時間が経過しました。

会議では色々な意見が出ました。

「タッチパネルで情報が取り出せるものはどうか？」

「他の施設の例では、注目されるのは最初だけで、いつのまにか誰も触らなくなる」

「一日に何万人ものお客さんが来るのに、一台に対して操作できるのは一人のお客さんだけ……」

頭を悩ませていた時に、中村が私にこう言ったのです。

「清水社長は『どこにも無いものを作りたい』と言わはったんや。よう考えてみ。あなたがニューヨークに行っていた時に渡した宿題、『日本に無いサービスを探す』というものがあったやろ？」

「えっ！　あれ宿題やったんですか！　どこにも無いインフォメーションを探せ、作れということとやったんですか！」

もう、冷や汗ものです。

「日本に無いサービスなんて無かったしなぁ……困った」

でも、考え続けました。

「どこにも無いって、いったいどんなもの？」

正直この注文は、難しい……。

「よく見かける帽子を被った綺麗な女性がカウンターに座っているだけのインフォメーション、あれはつまらない」と清水社長は言われました。

その背景にあったのは、「ＨＥＰファイブ」のコンセプト、「エンターテイメント」です。

遊園地のような巨大な赤い観覧車、赤いクジラのオブジェ、アミューズメント施設、このビル全体が、エンターテイメント空間なのです。

ということは、エンターテイメント性のあるインフォメーションということになります。でも、頭の中に浮かぶのは、芸人さんやパフォーマーのようなイメージばかりでした。

そんな時、清水社長の「つまらない」という言葉が頭にひっかかりました。「お客様が楽しめる場」だから、つまらないものではダメなのです。従来のインフォメーションがどのようにできていて、どこがつまらないのか、清水社長の言葉を整理して考えてみることにしました。

その①
「カウンターに入って座っているだけ」ではなく「動くインフォメーション」へ

昔からこういった施設には、インフォメーションカウンターという場所があって、そこに行くと案内する人がいて、わからないことを教えてくれる。**案内人は常に待っている状態**。インフォメーションってそういうものだと皆が思っている。どうしてだろう？

もし、このスタイルでなかったら、どうなるんだろう？

でも、わからないことを尋ねに行く場所は絶対に必要。

その時、ニューヨークのとある百貨店で見かけた気持ちのいい光景を思い出しました。手にフロアガイドを持ったスタッフが、エスカレーターの近くに立って「Ｃａｎ Ｉ ｈｅｌｐ ｙｏｕ？」と気さくに笑顔で声をかけていたのです。

「何かあったらお手伝いしますよ。わからなかったら尋ねてね」という感じです。

外国のショップで、販売員さんからこのように声をかけられることはよくありますが、百貨店やショッピングビルのスタッフに声をかけられたことは、新鮮でもあり、その親切な言動が、とても気持ちのいいものでした。

リサーチの際に、カスタマーサービスカウンターで話しを聞くことばかりに気をとられていて、報告することすら忘れていた出来事です。

あっ、そうだ！　ひらめきました。

あの百貨店のスタッフのように、カウンターから出て、色々な場所で案内する人がいてくれたほうが、お客様にとっては便利なのではないか、わざわざカウンターまで行かなくていいし、（たいていの施設は、インフォメーションカウンターの数が少ない）案内する側も広い範囲で案内することができます。

これだ！

ここで一つのイメージが形になりました。

カウンターに入って固定するのではない、「動くインフォメーション」です。

お客様をただ待つのではなく、**お客様が尋ねやすいようにみずから動くこと。**館内をウォーキングして、**積極的に案内するチャンスを増やす、**「**能動的なインフォメーション**」です。

カウンターにいるだけなら、もし、お客様がカウンターに来られなかったら、案内したくてもできない。そんな受け身でいいの？　案内人としての存在価値はあるの？　インフォメーションは「**尋ねてもらってなんぼ**」ではないのでしょうか。

企業内にある一般的な受付とは役割が違い、商業施設という場だからこそ、より「**案内するための努力が必要**」なのではないか、みずから案内を待つ人を探すべきではないかと考えました。

お客様にとって、便利であれば、より気持ちよく滞在していただけます。快適なコミュニケーションがとれることが、**商業施設のインフォメーションに求められている本来の姿、役割**ではないかと気がつきました。

関西流でいえば、商業施設のインフォメーションは、案内人として「**案内してなんぼの世界**」だと思ったのです。

「動くインフォメーション」なら、もっともっとお客様に活用していただけるはず！

その②
「帽子を被った綺麗な女性」ではなく、「男性のインフォメーション」

これは、「ＨＥＰファイブ」のコンセプトに合うかどうかという部分かもしれません。たしかに世間一般で、インフォメーションは女性ということになっています。でも、女性でないといけないのでしょうか？

私がお客さんだったら、場合によっては女性より男性のほうがいいかもしれない。この「ＨＥＰファイブ」のお客様は、ほとんどが若い女性です。だったらなおさら、男性のほうがいいに違いありません。

男性が作ってきたこれまでのインフォメーションだから、女性だったのかもしれません。男性主導のことが多い社会だから、男性目線で作られてきたものが多いと思います。「女性目線」を忘れてはならない、と気づくと俄然ファイトがわいてきました。

こうして、もう一つのイメージとして、女性ではなく「男性のインフォメーション」

これも決まり！

だって、どこにも無いんですから。

新しいもの好きの大阪らしい「日本初！」のシステムです。

従来から思い込んでいたインフォメーションとしてのあり方、**誰が作ったのかわからないその枠組み**をはずしていくと、

「男性による動くインフォメーション」になったのです。

私達は、往々にして、この枠組みというものに制約されています。そういうものだと思い込んでいるために、気づかないことが多いのです。何かを変えたい時や、新しいものを発想したい時、また、思うようにいかなくて行き詰まった時、そんな時にまず大事なのは、**そのことに、自分に、どんな枠組みがあるのかを知ること**なのです。

・誰が決めたの？（ひょっとして自分が勝手に決めたこと？）

・何でそうなの？（何故、そうでないといけないの？）

・もし、そうじゃなかったらどうなるの？（そうじゃなかったらなんか困ることある？）

と自分に質問してみましょう。自分で質問しにくかったら、他の人に質問してもらってもいいかもしれませんね。質問することは、とてもいいことなのです。思考を変える

ことになるので、ガチガチの枠組みを揺さぶることができます。

言い換えれば、決めつけていたことから解き放たれ、**様々な可能性を考える＝見方（目線）を変えるきっかけ**となります。

そうすることで、ヒントやアイデアを得ることが多くなるのです。

お客様の本当のニーズは、必ずしも従来からあるもので対応できるとは限らないのです。**枠組み（視点）を変える**……そんな**柔軟性**がビジネスや人生には必要です。

「エンターテイメント性」をキーワードに、コンセプトは「フレンドリー」

どんなスタイルでいくかは、一応イメージができました。次は、具体的にそれをどのように演出していくかです。

「ＨＥＰファイブ」の「エンターテイメント」というコンセプトの中で、インフォメーションスタッフの存在はどうあるべきか？　思いつくことを順に挙げてみました。

・インフォメーションスタッフとしてエンターテイメント性が求められているとしたら、それは、エンターテーナーとして考えてみる。
・楽しませる案内係というのは、お客様が見て、接して**楽しい・気持ちいい**と感じること。

・男性のみで構成されたスタッフは、意外性があって楽しいかも（特に女性のお客様は）
・**どんな雰囲気**の男性スタッフだと楽しいのか、気持ちがいいのか。かっこよさ、素敵な笑顔、感じがよい、親切そうだと尋ねやすい等々。

ここで、私なりに出した結論は、カッコイイのに越したことはないが、それより感じが良くて、親切そうで尋ねやすいことが重要。

なんといっても「尋ねてもらってなんぼ」ですから、声がかけにくいインフォメーションなんて論外なのです。

思わず尋ねたくなるインフォメーション！　そんな存在なら、お客様から見て楽しいし、気持ちいいのではないでしょうか。

そんな一人ブレストを重ねて、インフォメーションのコンセプトは「**フレンドリー**」にしよう、と決めました。

さて、そのコンセプト、「**尋ねやすいフレンドリーな雰囲気**」をどのように演出するか。黙って立っているだけでは、何をする人かわからない、お客様のほうから尋ねてもらえないと困るのです。「インフォメーションはここにいます」と、アピールできないといけないのです。

まずは、挨拶の言葉です。

ニューヨークでは、「Ｃａｎ Ｉ ｈｅｌｐ ｙｏｕ？」と声をかけていましたが、日本だと「いらっしゃいませ」が、一般的です。でも、お店に入って、「いらっしゃいませ」と言われると何か買わないといけないような気がしてしまいます。ちょっと緊張したり、無意識に知らないふりをしてしまったり……。売る側、買う側といった関係の間で、微妙な気遣いが交差する瞬間でもあります。

インフォメーションは、直接物を売るわけではないからこそ、お客様に、もっと身近に感じていただき、気軽に接してほしい、そんな存在でありたいと考えました。

どのようなコミュニケーションのとり方が、ピッタリくるのかを考え、あえて、日常によく使われる普段の挨拶、「こんにちは」を選びました。フレンドリーな声かけは、堅苦しくなく、親しみを込めた笑顔で「こんにちは」。

業界によっては、夜でも「おはようございます」と挨拶をします。私たちは、朝でも夜でも「こんにちは」にしようと決めました。

お客様とフレンドリーなコミュニケーションを取って案内へつなげていく。お声かけをして、**みずから案内の仕事を増やしていく、**それが「動くインフォメーション」です。

「動くインフォメーション」をプレゼンテーションする

いよいよ、この新しい提案を担当者会議でプレゼンテーションする日がきました。

「男性による能動的な動くインフォメーション」

～エンターテイメント性を意識したフレンドリーなインフォメーション～

これを掲げて、意気揚揚とワクワクしながら、私はその場に臨みました。

でも、結果は散々なものでした。男性担当者から猛反発を受けたのです。インフォメーションが男性であること、動くこと、全てがダメだといわれました。インフォメーションは、「こうと決まっている」と真っ向から反対されたのです。

「的場は何を訳のわからないことを言ってるんだ」と、いわんばかりでした。その場は一旦引き下がったものの、会議に同席していた女性担当者とお湯飲みを洗いながら、

「案内してもらうなら、やっぱりカッコイイ男の子のほうがいいよね」

と本音を話していました。

既成概念というものは、頑固ですごいものだとつくづく感じました。でも私は、この提案を諦める気は全く無かったのです。勝手に、これしかないと思っていたからなのです。

それから数日後、街でバッタリ清水社長と出会ったのです。中村が今回のプレゼンテーションのことを話しました。

「今、的場がインフォメーションを提案させていただいています。簡単に社長にもご説明したいんですが」

「どんな案？」

と、快く時間をいただき、説明をさせていただいた後、

「おもしろいな。難しいところもあるだろうけど、提案書をもって来なさい」

と言っていただけました。

ますますファイトがわき、やる気になったのはいうまでもありません。


改めて機会を設けていただき、清水社長を前にプレゼンテーションを行いました。先端をいくIT方式を使ったシステム（提案：中村担当）が、本当にお客様を迎える「おもてなし」になるのか、それとも動くインフォメーション（提案：的場担当）がいいのか。

投資対効果も含めた総合的な判断により、一夜にして、「やはり人が温かくお迎えし、ご案内しましょう！」という結論となったのです。また、その際の処理能力は結局人間のほうが早くて安い！　と、最終的には、超アナログ・システムの私の企画が通ったのでした。さらに、

「企画だけでなく、あんたのところで全部やってみたらどうや」

とのお話をいただきました。

「教育だけは、しっかりと頼むで」

と、一言だけ念を押されて……。

我が社が、企画だけでなく、業務受託としてこのプロジェクトを遂行することになったことは、本当に嬉しく、ありがたい限りです。ただ現実には、とても大変な作業にな

ると、覚悟を決めた瞬間でした。

想像したとおりのものが、本当にできるのだろうか、心配や不安も強くありましたが、反面ワクワクしていたのは確かなのです。

「動くインフォメーション」のユニフォームの役割

次はユニフォームです。

当時、インフォメーションの女性のユニフォームは、「いかにも」という雰囲気の衣装が主で、デザインも特殊で、目立つものばかりでした。これを男性に置き換えてイメージしてみましたが、違和感があるのです。百貨店でもホテルでもない、ファッションビルだから、そう感じたのかもしれません。ファッションビルに合った、カッコイイものが欲しいと、東京のアパレルデザイナーにデザインを依頼しました。

私が依頼したイメージは、次のようなものでした。

- **ファッションビルの男性インフォメーションとして、お客様から見てカッコイイもの。**
- **スタッフ自身が、自ずと気分よく、胸が張れるもの。**

それを受けてデザイナーが提案してくれたコンセプトは、

・着る人、見る人に安心感と質の良さを提案。

・身近な存在に感じるデザインとトレンドを意識したもの。

・走り過ぎない服作り。

『Ｗａｎｔ』～欲しい～

お客様から見ても「着てみたい、欲しい」と思える服。従来の「いかにも」といった作りではなく、「タウン着」をユニフォームにするという、デザイナーからの提案となりました。

あれから11年たった現在、この「リアルクローズ」という発想もかなり定着してきているようです。

２００８年秋にオープンした、大阪のあるファッションビルの女性のインフォメーションは、テナントとして入っている店の服を着ています。違和感なく、とても素適だなと思います。そして、カウンターには、着用している服の店名が表示されている小さなプレートが置いてあるのです。さりげなくブランドを伝える、これこそ、ファッションビルならではのセンスだと思います。

そして、なによりも着ているスタッフも、楽しいだろうなと思うのです。スタッフが楽しんでいるとお客様に絶対に伝わりますしね。

ユニフォーム作りでお世話になった、デザイナーの植原邦雄さんからは色々なことを教わりました。中でも印象に残っているのは、館内の雰囲気に合う「素材」へのこだわりでした。

「ちょっと生地が硬いかなと思うんですよ」

と、植原さんは生地の素材感を、館内の雰囲気と合わせて、感覚で捉えている様子でした。それは「**調和**」なんですね。どんなに服がかっこよくても、全体として調和していなかったら、お客様から見て違和感が出てしまうんですね。シンプルなことですが、大切なことだなと思いました。

さて、悩んだ末に決定したユニフォームは、男の子の顔色をシャープに見せてくれるカーキ色のブルゾンとパンツ。スタッフ一同「カッコイイ!」と、嬉しそうにこのユニフォームを着用していました。

そして、動くインフォメーションの連絡手段としてインカム（通信：館内専用無線システム）を用意しました。

これは、お客様の質問に瞬時にお応えするために、様々な急ぎの連絡用に各自が身につけているものです。このインカムは、ジャネットジャクソンがコンサートで使っていたものと同じものを、アメリカからとりよせました。とにかくシンプルで格好が良いのです。邪魔にならない、主張しすぎない、それでいて、存在感もあるのです。後に、ヘップボーイのトレードマークとなりました。

ユニフォーム・スタイルにこだわったのは、着ているスタッフが、気分よく胸を張って、堂々とお客様をお迎えできること、それがモチベーションアップにつながるからです。結果として、このユニフォームは、たくさんのお客様から支持をいただきました。「彼らのユニフォームが欲しい、どこで売っているんですか？」という問い合わせをもらうこともありました。

ある日、女性のお客様がご来館になり、「ヘップボーイさんの写真を撮らせてもらえませんか？」と希望されました。対応したスタッフが、事情をお尋ねすると、「幼稚園に通っている息子が、ヘップボーイさんが好きで、今度の学芸会で『同じ服を着て出たい』というので作りたいんです。服の写真を撮らせてもらえないでしょうか？」ということでした。もちろん、大歓迎です。後日、実際にそのお子様がお母様手作りの服を着て、見せに来てくださったのです！

対応したスタッフは、

「ビックリしました。僕らのユニフォームとソックリ。生地も同じような感じで。胸には、僕らの名札と同じようにワッペンみたいなのが付いていましたね。なんか……とっても嬉しかったです」

スタッフ一同、大感激でした。


デザイナー　**植原邦雄氏**（２００９年８月現在）

イッセイミヤケ・スタジオを経て、huit.co.,ltd.設立。

ブランド「**Calcium**（カルシウム）」をスタート。

ビームス等の全国のセレクトショップで女性に人気のブランドである。

直営店は、代官山と福岡の２店舗。また、２００８年９月から渋谷東急東横店での期間限定ショップをシーズン２回オープンし、高い成績をおさめ大好評。

過去には「無印良品」やＢＩＧＩブランドの「フラボア」を手がけ、現在も、パル㈱クリエイティブディレクターをはじめ、国内外のアパレルブランドのディレクションを行うなど幅広く活躍中。

オープニングスタッフの募集、面接、そして採用

１９９８年オープン３カ月前、いよいよスタッフ募集がスタートしました。

話題のショッピングセンター、さらにオープニングスタッフというワクワクする立場からか、１０２４人の応募者がありました。先輩がいないということは、自分達で一から作っていけるという期待感が駆り立てられるのでしょう。やる気のある応募者が多かったように思います。

まず書類選考で400人に絞りました。次に面接です。応募人数が多かったので、数名で手分けして行ったのですが、基準が曖昧にならないように、面接時に見るポイントを決めていました。

まずは、「感じのいい人」そして、「**自然に笑顔が出る人**」です。

面接官からの第一声は、「こんにちは」です。応募者の目を見て笑顔で挨拶します。その挨拶に、どのように返してくれるかをチェックしていきました。自然に笑顔が出る人のポイントが高かったのはいうまでもありません。

中村が、当時を振り返って、

「オープニングスタッフは特攻隊だったな」

というのですが、まさしくそういう役割でした。

この新しいスタイルを、お客様に認知してもらうためには、恥ずかしがったり、ものおじされては困るのです。どんな状況でも何があっても、テンションを上げて、さわやかに挨拶し続けなければならないからです。

また、その当時、私は自分達の状況を打ち上げ花火にたとえていました。一生懸命準備して、そしてオープンしてバーンと打ち上がったら、華々しく「動くインフォメーション」として完成したものをお披露目するという、イベントのようなイメージを持っていたのです。打ち上げは一回きりで、後には戻れません。そんな切羽詰った気持ちで毎日動き回っていました。

そんな現場の思惑や事情に合わせて、選考を進めましたので、面接するほうもされるほうも、ものすごい緊張感がありました。目標のために突き進む私達も特攻隊だったといえるかもしれません。

一次の面接に合格したのは１００名でした。そこから二次～五次までの選考会を行いました。でき上がった館内の一ヵ所を借りて、挨拶の研修を兼ねて選考していったのです。二次、三次と、段階ごとに選考していくので、毎回、お断りする人が出るわけです。研修しながらということは、前回学んだことを理解していなかったら、今回残って次に進めるかどうかわからないのです。

その時のことを、合格したヘップボーイは、こういっていました。

「選考の回を重ねるごとに、自分の周りにいた人がドンドンいなくなっていく、これから僕はどうなるんやろうと思いました。前のバイトを辞めて来たのに、受からなかったらどうしようかと……。研修で仲良くなった人とも、アドレスの交換はやめとこう、合格してからにしようと話していたんです。どうなるかわからへん、こんな経験も緊張感も初めてのことやった」

「あの選考では、ホントひどい目にあいましたよ」

「俺らは、いったい何をやらされるんやろうと不安でした」

たしかに選考の最後の回に近づくにつれて、双方にピリピリした空気がドンドン増していきました。応募者の「最後まで残りたい！」という気持ちもドンドン高まっていると感じていました。

私達面接官の間でも、選考のたびに毎回熱いバトルが繰り広げられていました。テーブルの真ん中に置かれた履歴書を皆で見つめながら、この人を残すかどうか、その理由をあげていきます。社長がいいと言っても納得できなかったらドンドン異議を申し立て、却下していくという方法を取っていたので、まるで戦場、真剣勝負の場となっていました。

ペットボトルのお茶で喉をうるおして呼吸を整え、履歴書が置かれると同時に、ゴングがチーンと鳴って第一ラウンドが始まる……そんな雰囲気でした。

この厳しく激しいプロセスを経て、オープニングスタッフ29名が選ばれたのです。

第2章

マニュアル無しの「笑顔挨拶サービス」

基本として決めたのは「笑顔挨拶サービス」をするということだけでした。それは、「**ヘップボーイの基本**」というほうがふさわしいかもしれません。

笑顔挨拶サービスの目的と挨拶用語について書かれた一枚の紙を用意しただけで、他には何も作りませんでした。

どうして、これしか無かったのか?

「**接客にはマニュアルは無い**」とよく言われるように、相手の気持ちを察しておもてなしするのが接客で、マニュアルにしばられて型にはめたような接客はしてほしくなかったからです。

ただ、ルールだけはありました。

それは、**ホウ・レン・ソウ(報告・連絡・相談)**。

そして、「日報」を全員が書くこと、仕事前に必ず以前の日報に目を通すことです。

マニュアルというものは、常に一定のレベル以上の商品とサービスを提供するために**有効な手段**だと考えられています。でも、それを守ることが目的とされ、第一優先にされてしまうと、「決められたことしかできない人間」を作り出す危険性があるように思うのです。自分の頭で考えずに、まずマニュアル通りにすること、こなすことが、大切になってしまうからなのです。

実際に、いろんな店の接客現場で、**マニュアルが優先されている場面**が多々あります。

例えば、

・目が笑っていない笑顔。
・明らかにちゃんと聞いていないと感じる、合いの手のような相づちやオーバーなリアクション。
・マニュアル通りに説明を進めようとするため、わかりづらい。
・むやみに語尾のトーンを上げた「いらっしゃいませ」の挨拶。
・まだ席に座っていないのにおしぼりを渡そうとする。（順番通りにしなくっちゃと思っているんでしょうね）

あげだしたらきりがないのではないでしょうか。

また、こんな接客の場面をネタに使った芸人さんが笑いをとれるのは、多くの人が、「そうそう。あるある」と共感できるからなのです。ということは、マニュアル通りの決まりきった接客を受けている人が、いかに多いかということではないでしょうか。目の前のお客様、一**人ひとりに対する応対**でなくてはいけないのに、型にはまっているがゆえに、このようなことになってしまっているようです。

「対する」を辞典で引くと、「向かいあうこと。また、相手とすること」となっています。マニュアルを優先した時点で、お客様に向き合うこともなく、相手にすることもなく、自分が主体になってしまっているのでしょうか。

人は、同じことを繰り返すことで、パターン化してしまいます。誰でもが知らず知らず陥ってしまうことです。

同じことを繰り返しているうちに、行動だけが習慣になってしまい、何も考えなくなるのです。そして、何も見なくなるし、感じなくなる……。ただやっているだけという、マイナスのサイクルに入ってしまうのです。本人はそのことに気づいていないと思います。お客様を見かけたら、条件反射で、ただ「いらっしゃいませ」と言っているだけの方はいませんか？　それでは、お客様は歓迎されているとは感じないでしょう。そうして自然とお客様の足が遠のいていくかもしれません。

もちろんマニュアルが必要なこともあります。例えば、仕事の流れや、やり方などは、ある程度マニュアルがある方が有効です。でも、それがパターン化されてしまうことが多いように思います。

それは、「**解釈**」に問題があるのです。

「A→B→Cというふうにやってください」

と教えただけでは、A→B→Cとすることが何よりも優先で、それしかしないのです。

なぜなら、そうとしか教わっていないから。

教育する側が、「解釈」まで含めて教えていないということです。

「**マニュアル（方法）＋解釈（その意味）**」をセットして教育していけば、自分で考えた応用もできるはずです。

「**何故こうするのか**」ということをしっかり伝えられていないからではないでしょう

か。きちんと解釈ができれば、マニュアルに添いながら、その場に合う対応を自分で考えることができます。教え方次第で、マニュアルが活きてくると思います。

ヘップボーイの研修にはマニュアルが無いので、必要な仕事の流れを聞いたスタッフが自分のハンドブックに書き留めるという方法をとっていました。それを持ち帰って自分流にわかりやすくまとめなおします。インデックスで管理するもの、パソコンで打ち直すもの、普段の勉強でノートをとるように、それぞれが工夫をしていました。また、説明の中に、「**何故こうするのか**」を盛り込み、「**どうしてだと思う？**」と質問して、自分の頭で考えるクセをつけながら進めていきました。もちろん、一度だけで全てを理解するのは無理ですので、何度も繰り返して身につけてもらいました。

本人にとっては、初めてのことばかり、それも膨大な量を覚えなくてはいけないので、やり方を覚えるだけで精一杯になってしまい、理解するところまで及ばないのです。だからこそ、**理解しているかどうかを基準においた教育が繰り返し必要**となってくるのです。

スタッフの一人がこういうことを言ったことがありました。

「ここの仕事ってマニュアルが無いのがいいですよね」って。

自分で考えることを身につけた彼らにとっては、お客様のアクションにどう応えるか、工夫次第でいくらでも幅が広がるこの仕事が本当に楽しかったようです。

マニュアルがあるなしに関係なく、皆が同じ「**接客への考え方や使命**」を理解することが、一番大切なのかもしれません。

唯一の決まりごと「笑顔挨拶サービス」は私達の基本であるということを徹底して理解し、「**何故大切なのか?**」ということも一緒に共有するようにしていったのでした。

●笑顔挨拶サービス

【極意その1】
どこにも負けない「本物の笑顔」～目指せ! 赤ちゃんの笑顔

「笑顔で挨拶することは当り前」だと、皆さんは思っておられるはずです。初めてお会いする方に対して、気持ちの良い笑顔と挨拶をきちんとすること。当然のことですよね。

ましてや接客業であれば、まず第一印象が大切。その印象によって、相手の気分を左右し、更なる場面でのやりとりやコミュニケーションに大きく影響します。

なんでも初めが肝心と言われますが、まさしくその通り、だから「笑顔挨拶」が大切なのです。

笑顔で挨拶するのは当り前のことなのに、なぜ「笑顔挨拶」にサービスを付けて「笑顔挨拶サービス」としたのか。

一般的にお客様に個別に何かを提供したり対応したりすることがサービスとして捉えられていますが、広義には、「もてなす」という意味もあるのです。

インフォメーションが、まず最初にする「もてなし」は、「笑顔で挨拶」してお迎えすることです。ですから、ありきたりでなく、サービスと言ってもいいぐらいの、いや言えるぐらいに**喜んでもらえる最高の笑顔挨拶でもてなすことに特化したインフォメーション**にしようと考えたからです。

また、それぐらい特化したおもてなしをしている店が、当時は少なかったように思います。それで、**わざわざ「笑顔挨拶」をクローズアップ**したのです。

そして、**喜んでもらえるサービス**として「笑顔挨拶」を提供し続けることが、私達の使命であるということをスタッフ達にも強調したかったのでした。

インフォメーションという立場においては、初めてお会いする方に対して、気持ちの良い笑顔と挨拶をきちんとすることと同時に、お客様が「声をかけやすい雰囲気、かつ存在であること」が求められます。

お客様にとって気持ちの良い笑顔と挨拶を探究し続けて、行き着いた笑顔のイメージは、**無邪気な**「**赤ちゃんの笑顔**」です。

赤ちゃんに微笑みかけられると、しかめっ面の人でもつられて思わず笑顔になりますよね。

外国人スタッフのロガットが、その笑顔のことを「**ビッグスマイル**」と呼んでいました。赤ちゃんの笑顔を見ると、心が和み、こちらも笑顔になったりしませんか？　赤ちゃんの笑顔を見て、機嫌が悪くなる人はいませんよね。

そんな無邪気な赤ちゃんのような笑顔こそ、邪念のない（商売っ気のない）本当に笑っている「**本物の笑顔**」なんだと思います。そして、**それは、心を開いた状態**と言えるでしょう。まさにこれが「ビッグスマイル」です。

人は、他人を前にすると無意識に壁を作るというか、自分の周りにバリアをはりめぐらし、自分に危険が及ばないようにする本能があるようです。そんなふうに、心を開かない状態で人に接すると、相手も同じように心を開かない状態になります。心のシャッターを下ろされてしまうのです。そんな時お互いのバリアを取り除くために、「赤ちゃんの笑顔」が、ピッタリなのです。心からの笑顔は、この人は危険な相手ではないということを相手の意識に伝え、緊張を解きほぐすのです。

スタッフ達が笑顔にまつわる、こんな話をしてくれました。

「僕らが男やから、こわもての若い男性の中には、最初から『なんやね、こいつ！』みたいな攻撃的な感じで見る人もやっぱりいるんですよ。ただ、なんていうか、本当にちゃんと笑顔を向けて挨拶すると、その肩に力の入った雰囲気が解けて、『おっ、あぁ……』ってね、反応が変わるんですよ。

そんな時、やったな！って、思う瞬間ですね」

また、館内専用のベビーカーを貸し出す時には、お母さんの手助けをするために、赤ちゃんを抱っこして乗せて、安全ベルトをつけることを行っていました。

「小さいお子さんって、警戒心の強い子が多くて、僕らが怖かったりするみたいなんですよ。僕ら男だし、おまけにデカイですしね。泣かれないようにそれなりに気遣ってますよ。その時、やっぱり笑顔は大事ですよね。こっちの笑顔で、赤ちゃんが笑顔になってくれると、あ～認められたなって、ホントほっとする感じです」

相手に心を開いてもらうためには、まずこちらから心を開く……ですね。

【極意その2】
お客様の心に届く挨拶を

「本当に伝えたいと思って挨拶しているの？」
「本当に『こんにちは』という気持ちで挨拶している？」
「『こんにちは』ってどんな意味があるの？　どんな気持ちのことを言うの？」
と、毎回、研修生にしつこく質問しました。

誰に何を伝えたいのか、不明瞭な挨拶しかできない彼ら。

「気持ちを込めた挨拶」になっていないもどかしさ、真剣に気持ちを伝えようとしていない挨拶は相手に伝わりません。

お客様に**伝わらない挨拶ではやっている意味がありません**。

「気持ちを込めた挨拶をしてください」

と言っても彼らにはどういうことかわからないようです。こと細かく噛み砕いて教えていかなければなりませんでした。


実際に私が、本人の名前を呼んでみます。

力をぬいて、なげやりに、

「伊藤さ〜ん」

次は気合を入れて本気で、

「伊藤さん！」

「どっちが、より伝わった？」

「後のほうが……伝わりました」

「じゃあ、この2つは、何が違うと思う？」

「う〜ん。なんか強さが違いました。後のほうが、呼ばれてるなと感じました」

また、力をぬいて、

「ありがとう〜」

次に心を込めて、力強く、

「ありがとう！」

「これはどう？　どっちのほうが、気持ちが伝わった？」

「後のほうです」

「言われて、どっちのほうが嬉しい？」

「後のほうです。どちらも、後のほうが強く響きました」


この違いは、ただ単に大きな声で言ったということではなく、**「どのように口に出したか」**つまり、どれだけ真剣に言ったかということです。同じ言葉でも、言い方でずいぶん伝わり方が違ってきます。その時の目や表情にもそれが表われます。**言葉の意味や、その気持ちに合った表現をきちんとしないと相手の心に届かないのです。**

そんな時、相手は無意識に気づいているのです。

「本気で言ってないな」

と。それを発している本人が気づいていないのが怖いことです。

私達の場合だと、

「『こんにちは』って、ただ言ってるだけやん！」

と、お客様に思われてしまうこと、この挨拶を音としてだけキャッチされてしまうことは、**挨拶本来の目的から外れてしまいます**。

こうなってしまっては、挨拶している意味が無いですよね。

また、誰かが自分を見ているのを、目で見て確認をしたわけではないのに、その視線に気づく、「視線を感じる」ということがあります。

「感じる」というのは、目に見えないものなのです。**どれだけのエネルギーを込めて**相手を見つめているか、「熱い視線」が送れているか、エネルギーというのは、目からだけでなく、人の全身から出ているのです。それを身体で感じとっているのです。

視線（目力《めぢから》）というのは、想像以上に伝える力が強く、与える影響が大きいのです。「どのように挨拶するか」ということは、「**どのようなエネルギー**」を発して挨拶するか、ということなんだと思います。**源となるのは、その人の気持ち**なのでしょう。

「このお客様に、と決めて、気づいてもらいたいと思いながら、全身で呼びかけるように挨拶してごらん」

と、スタッフ研修の時に、入り口から入ってこられるお客様を相手に、思いっきり呼びかけることをやってもらいます。もちろんすぐには反応してもらえませんが、何度も繰り返すのです。

この時、皆、「**挨拶がこんなに難しいとは……思わなかった**」と言うのでした。

こんな実験をしました。

後ろを向いて並んだ4人のスタッフのうちの一人に、少し離れた後ろから声をかけるのです。そして、自分に声をかけられたと思う人が手を上げる、というものです。

「遊びにいこうよ」

と名前を呼ばずに、**心を込めて**声をかけると、たしかに意中の人が手を上げました。気持ちのエネルギーを向けることで、その人は、自分に声をかけてもらっているんだと気づくのです。背を向けているにもかかわらず。

まさに「**背中で聞く**」ですね。

実際に館内でやってみました。でもお客様は振り向いてくれません。

「今、どんな気持ちで挨拶した？」

「挨拶に気づいてほしいなぁ、振り向いてもらいたいなぁと思って」

「まだその思いが足らないのかもしれんね。気づいてぇ～！　と思ってもっと思いっきりやってみ」

お客様の反応は色々です。声をかけると、ピクッと顔が動いたり、目線が動いたり、避けるかのように反対側に顔をそらしたり、これらは、気づいてくださったからこその反応なのです。

欲を言えば、こちらに視線を返してもらえたら、笑顔を向けていただけたら、もっとコミュニケーションが取れたら、ありがたいのですが、でも、まずは、私達が心を込めて挨拶していることをわかってもらうことからなのです。そうして、少しでもお客様の反応が得られるようになると、

「挨拶が届いてる！」

と、みんなとても嬉しそうな顔をするようになります。

どのようにすると挨拶が届いて反応してもらえるのかが、実感できるようになってくると、気持ちを伝えるための方法が、改めてわかるようになるようです。

コミュニケーションというものは、一方通行ではなく、互いに交流するものです。自分から投げかけた気持ちを相手に気づいてほしい、返答してもらいたいものです。反応が無いと寂しいですよね。

ヘップボーイは、挨拶に対してお客様から反応をいただけることに喜びを感じ、

「もっと反応してもらおう。もっと気づいてもらおう」

と、よりコミュニケーション力の向上に励むようになりました。

【極意その3】

挨拶はお客様のタイミングで

私達の挨拶は、一対一で行うものでも、カウンターのような特定された空間でお客様をお迎えするものでもありません。「ＨＥＰファイブ」の入り口からすぐ、吹き抜けの大きなアトリウムを往来されるお客様に対して挨拶していき、また、館内をウォーキングしながら、出会うお客様に挨拶していくのです。

ご自分に挨拶されるとは思っておられないお客様がほとんどです。そんなお客様に気づいてもらうための挨拶のポイントとして「**タイミング**」はすごく大切なのです。

相手に気づいてもらうためにエネルギーを込めて挨拶すると同時に、お客様にとって「**気づきやすいタイミング**」、言い換えれば**受け止めやすいタイミング**でお声がけすることが重要です。

そのためには、まず**お客様の視界に入ること**を考えます。お客様が通り過ぎてから挨拶をしても、振り向いてくださることとまずありません。

歩いて来られるお客様が挨拶に気づいて、顔をこちらに向けられる、その時間と距離を感覚で計算して、早めに挨拶していくのです。お客様が挨拶に気づいて顔を向けられた時に、私達の笑顔が自然と視界に入るようにします。その時、緊張しない程度の距離が必要です。近いと驚かれたり、恥ずかしがられるお客様がいらっしゃるからです。少し離れたところから声をかけると、近づいて来られた時に質問されることが多いのです。認識してもらう時間がとれるからですね。

お客様が無意識に歩いておられる時に、積極的に視界に入ってしまう、（お客様が見たいとか見たくないにかかわらず、「ココで〜す」と……）

こうして、**無理なく気づいてもらう**のもポイントです。ここでタイミングが合えば、より良いコミュニケーションを図るチャンスになります。何よりお客様と視線が合うのは、私達スタッフにとってとても嬉しいことなのです。

こうして存在に気づいていただくことで、気軽に尋ねていただく機会が増えるのです。

【極意その4】
ご挨拶したお客様には必ずお見送り、それは「ゆっくり」と

「**こんにちは**」
と挨拶をして、次に
「**ごゆっくりどうぞ**」
「**どうぞごゆっくりお楽しみください**」
と再度、声をおかけして、その姿をゆっくり見送る。

お帰りになるお客様には、

「**ありがとうございました**」

と挨拶をして、次に

「**またどうぞお越しください**」

とその姿を見送る。

ご挨拶したお客様に対して、必ず見送ることを忘れない。というのが一つのストーリーです。最初の挨拶でお客様の視線をキャッチできたら、再度声をおかけした時、より反応していただくことが増えます。

それは、私達との距離が近くなり、より身近に感じてもらえるため、良いコミュニケーションがとりやすくなるからです。

初めてより、２度目のほうが、親しみを感じるということだと思います。

次々に目の前を通られるたくさんのお客様、それでも目の先におられる一人ひとりのお客様と丁寧にコミュニケーションをとることを大切にしていました。たくさんのお客様に次々に挨拶していくと、どうしても雑な挨拶になってしまうのです。あえてゆっくりと、お迎えからお見送りまでしっかりと行うことを心がけていました。

これは一連のストーリーであり、途中でプツリと切れる中途半端なものではなく、**完結するストーリー**だと意識することが重要なのです。

これは、挨拶以外の場面でも同じで、

「最後までちゃんと接客すること」を徹底していました。

そして、**「ゆっくり」と見送ること。**なぜ「ゆっくり」見送るのかというと、

「『ごゆっくりどうぞ』と見送ったお客様が、その見送りに気づかれて、振り向かれた時、あなたが既に次の動作に入っていたら、お客様はどう感じるでしょう。少しがっかりされるかもしれません。それが、振り向いた時に、あなたが笑顔で見送っていたらどうでしょう。気恥ずかしくも嬉しいと思います。そしてもう一つ、お客様が気づいて振り向いておられることを、こちらが知らないのは惜しいこと。ゆっくり後姿を見送りながら、振り向いてもらうのを楽しみにしましょう」

と、スタッフによく説明していました。


実際にゆっくりと見送っていることで、いろんな良いことがあるのです。

例えば、振り向いてくれたお客様とまた、双方笑顔のコミュニケーションが取れます。

見送ることで、案内した方向へ間違いなく進まれているか等も見届けられます。

「見送る」には、「見守る」という感覚もあり、お客様の中には、「大丈夫やで！」「ありがとう」と言わんばかりに手をあげて応えてくださる方も多く、これもまた気持ちの良いもので、この笑顔挨拶の醍醐味でもあります。

お客様からプラスのエネルギーをもらえると言っていたスタッフもいるぐらいです。

そして、**お帰りになる時の見送りも同じです。また来てもらいたいから、忘れてはな**

らないのです。

「また来てほしい」という気持ちを込めて見送ります。**お客様の背中に目あり、耳あり。きっと感じておられると思います。**

私達は、プライベートでも毎日、いろんな人と会い、別れています。別れ際に「心ここにあらず」とばかりに去る相手より、最後までしっかり見送ってくれるほうが心に残るもので、大切にされていると感じたりします。**出会った人と別れる際は、ちゃんと見送ること**、これは大切なマナーではないでしょうか。

また会いたいと思う相手には、その思いを込めて見送ってみることをお勧めします。その気持ちがジンワリと伝わるのです。是非、試してみてください。

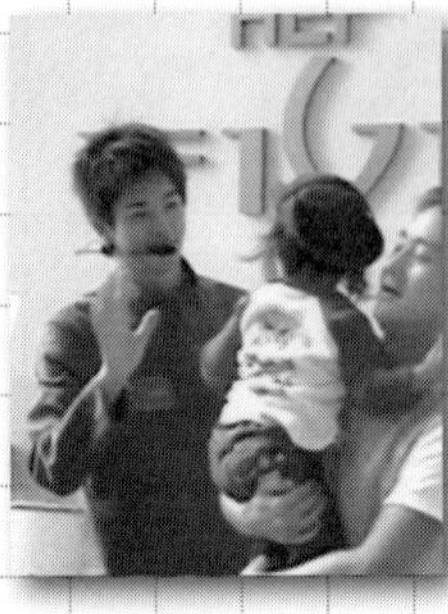

第3章

オープニングスタッフの悪戦苦闘〜日報より

１９９８年11月28日、「ＨＥＰファイブ」として、グランドオープンを迎えました。いよいよ、ＦＩＳ（ファイブインフォメーションシステム）のスタッフとしての業務がスタートです。日本で初めての「動くインフォメーション」としての実際の業務内容と、彼らがどのように感じながら仕事をしていたのかを、彼ら自身が書いた「日報」を通して紹介します。

■オープン直後

お客様に挨拶したらビックリされた！

《日報》
・挨拶をしたらビックリされた。
・挨拶をしても返事が返ってこない。
・お客様に我々がインフォメーションスタッフだということが理解されていないようだ。
・研修通りにいかないことが多くてとまどう。
・「こんにちは」と言ったら「こんばんは」とからかわれた。

《解説》

私達の仕事は、挨拶をして、お迎えをしながら、自身のインフォメーションスタッフとしての存在をアピール。そして、案内につなげていくのが基本です。

ところが、お客様はインフォメーションスタッフはカウンターにいるものだと思っておられるため、インカムを付けた男の子が、「こんにちは」とフレンドリーな挨拶をしてくると、いったい何者なのかと警戒されたようです。そのお客様のとまどいが、スタッフに伝わり、互いにぎくしゃくした空気が流れたことが多かったようです。

「どこにも無い」ものゆえの辛さです。

また、私達の挨拶は、「こんにちは」のみと決めていました。

正しい挨拶は、夕刻からは、「こんばんは」ですが、時間にとらわれずに**一つの挨拶を繰り返すことで、お客様にも覚えてもらいやすいこと**。また、エンターテイメント性も意識し、このヘップボーイの挨拶（声かけ）にしようと決めたのでした。

■2〜3週間経過

お客様に挨拶をしたら笑われた。でもこれは嬉しいこと

《日報》

・お客様に、「こんにちは」と言ったら、「何、この人」と笑われた。でも無視される

よりいい。存在に気づいてもらえたということだから、めげずに挨拶を続けよう。
・お客様が挨拶を返してくれるようになって嬉しい！
・「こんにちは！」の挨拶が浸透してきたのか、変な顔をするお客様が減ってきた。

《解説》

ヘップボーイに対するお客様の反応が、目に見えて良くなってきました。リピーターのお客様が増えてきたことの現れです。笑いながらも挨拶を返していただけるので、「フレンドリー」というヘップボーイのコンセプトに近づいてきたと感じていました。笑われて恥ずかしい思いをしながら、逆に「笑われるように努力しよう」と、スタッフ自身が「**ヘップボーイの存在を認識してほしい**」と、**自分達の役割**を強く意識するようになってきました。

■一ヵ月経過、初めてのクリスマス

挨拶にひと言、気持ちを込める

《日報》
・「メリークリスマス」と声をかけると、お客様が大変喜んでくださる。他の祝日にも

何かプラスの挨拶をしませんか？（外国人スタッフ）
・我々の仕事は、お客様のショッピングのお手伝いだけでなく、来られたお客様を楽しい気分にさせることも重要。皆でもっとアイデアを出し合おう！
・今日、年配の男性客に「君があのヘップボーイか！」と声をかけていただきました。若い方だけでなく、年配の方に覚えていただいていることが、とても嬉しかったです。

《解説》

スタッフには、バイリンガルの外国人男性をクルーに必ず一人入れていました。外国人のお客様の対応ということに加えて、ニューヨークで出会ったインフォメーション担当のイメージが強く、欧米人ならではのフレンドリーさを彼に求めたのです。「ＨＥＰファイブ」の若いお客様が、安全な場所で安心して外国人とコミュニケーションを取る機会があれば、さらに楽しいのではと思ったからです。私達は、**お客様を楽しませる、エンターテーナー的存在**でいたかったのです。

オープンしてすぐのこの時期、すでに、**お客様が私達を「ヘップボーイ」と呼ばれるようになっていました**。いつの間にか、気がついたら、そう名づけていただいていたのです。

私達の名づけ親はお客様。なんと光栄なことでしょう。

HEPにいる男の子だから、「ヘップボーイ」。シンプルでわかりやすい。さすが大阪です。

そして、お客様に少しずつ覚えていただくようになっていったのでした。

当初、私達の存在をいかにアピールするかを一つの課題としていましたので、少しクリアできたように思え、素直にとても嬉しかったです。

■約2ヵ月後、新しい年を迎えて

一人欠けるとお客様の迷惑になります

《日報》

・年始には、お酒に酔ったお客様が多く来店されると思いますので、いつもより丁寧な言葉遣いで対応してください。

・風邪が流行っています。体調には充分注意し、自己管理しましょう。一人でもスタッフが欠けるとお客様の迷惑となります。

《解説》

スタッフのほとんどが、学生アルバイトで構成されていました。といってもお客様に、甘えは通用しません。**お金をもらう限りは、プロであること**を厳しく指導していました。研修期間で、中村が繰り返し教えたことがプロ根性でした。

お客様がここで楽しく過ごされ、お店で気持ちよくお買物をされた結果、私達のお給料が生まれます。いわば、お客様からお給料をいただいているのです。**遅刻や欠勤は、**個人の問題ではなく、**お客様や他のスタッフへの迷惑**となります。

■４〜６ヵ月後

自分達がしてきたことが報われたと感じる嬉しい瞬間

《日報》

・最近お客様のほうから挨拶してくださったり、案内に対して、お礼の言葉をいただくことが増えました。僕達の評判も良いようです。この調子で頑張りましょう。

・ご案内の後に、少し話し相手になったら、お礼にとお菓子をいただきました。すごく嬉しかったです。

・お客様に「仕事頑張りや」と声をかけられて、感激しました。

・最近、お客様から先に声をかけていただいたり、年配の方からも人気が出ているようです。みんなが頑張っている証です。もっと人気が出るように今まで以上に笑顔挨拶サービスを心がけよう。
・リピーターさんから「また会ったね」と声をかけてもらいました。

《解説》
この頃になると、リピーターのお客様を中心に、ヘップボーイの認知度も上がってきました。一度来店されたお客様が、また来ようと思うようなサービスをしよう。我々の対応が「ＨＥＰファイブ」のイメージに大きな影響を与えるんだと、自覚を持つようになってきました。また、お客様からの嬉しい声かけが増え、この仕事をする「**喜び**」＝「**やりがい**」を感じるようになったようです。**自分達がしてきたことが報われたと実感できる本当に嬉しい瞬間**です。

卒業生の実感の込もった言葉を紹介します。

・1年3ヵ月この仕事をしてきて、笑顔挨拶サービスが完全に定着したことが、なにより嬉しいです。初期の頃は、挨拶してもお客様はとまどわれるばかりで、やり辛いものでした。そうして試行錯誤の期間を経て、今では、お客様から挨拶してくださることもあり、自分達がしてきたことが報われたのだと思うと本当に嬉しいです。これからは、客として「ＨＥＰファイブ」に来た時に元気な挨拶を楽しみにしています。

お客様とのコミュニケーションがやりがいに

《日報》
・お客様に気持ちよく買い物をしていただくために、小さなことにも気づけるよう頑張りたい。
・案内に対してお礼を言いに来てくださったり、何度も気持ちのよい挨拶をしてくださる方がいます。大変励みになります。このようなお客様に、ずっと「ＨＥＰファイブ」を好きでいてもらえるよう、そして、少しでも多くのお客様と、このような関係になれるようにしたいです。そのためには、全員でお客様にとって気持ちのよいサービスを行うことが必要です。各自、気をぬかず、色々と工夫をしながら、元気よくお客様と接していかなければと思います。

《解説》
お客様とのコミュニケーションから、彼らが得たものは多かったのです。感謝の気持ちを伝えてくださるお客様の言葉に感動し、さらに役に立ちたいとそれぞれが努力していきます。**「やりがい」が、彼らを前向きにさせ、どんどんプラスの相乗効果**が現れてきました。

お客様に喜んでいただくと、自分の心もＨＡＰＰＹになる

《日報》

・案内をした時に「すごい！　よく覚えているね」「親切にありがとう」という声が返ってきました。嬉しい気分になると次の笑顔挨拶にもリズムのようなものがつき、より良いサービスができる気がします。お客様に喜んでもらった時の「嬉しさ」を忘れずに頑張っていきたい。

・2カ月ほど前に、気分が悪くなったお客様に応急処置をし、防災センターへとご案内しました。その時のお客様が再び来店され、感謝の言葉をいただきました。こんな気持ちの込もった「ありがとう」を言われたのは初めてでした。この仕事をしていて良かったと思いました。

・辛いこともあるけど、いいこともたくさんある仕事です。

《解説》

彼らは、サービスを提供する者としての「**大切な心構え**」や「**仕事の楽しさ**」を、お客

様に接することで自然に学びました。**実際に体験し、感じることで学びが深まったのです。**もちろん、

「へこむよなぁ」

と、落ち込むシーンもずいぶん目撃しました。でも、**人を喜ばせることで、自分自身の中にも「喜び」が生まれ、自分の「心」が嬉しくなり、元気になってウキウキしてくるのです。**サービス業のどれだけの人が、このことを理解し実感しつつ働いておられるのでしょうか。多くの人がそうあってほしいと願います。

■６ヵ月以降

「継続は力なり」を実感

《日報》
・私用で梅田周辺を歩いている時、後ろにいた女の子達の「○○○ってどこ？」「知らん、観覧車のとこに行って、お兄さんに聞こうや」という会話が聞こえてきました。ＨＥＰの外で僕達のことを思い浮かべて、ＨＥＰに来てくれるんだということに驚き、また大変嬉しく思いました。「継続は力なり」ですね。
・エントランスで案内をしていると、小さなお子様が僕らスタッフの写った看板を指

して、「いつもいるお兄ちゃんだ！」と言う声が聞こえました。素直に嬉しく思いました。オープニング以来、お子様にも手をふったり、フレンドリーに接してきた成果でしょうか。今までの仕事が認めてもらえたようで、今後の仕事への自信となりました。

・館内をウォーキングしていると、女子高生のお客様4、5名から「Ｈｏｗ ａｒｅ ｙｏｕ？」と声をかけていただきました。私も英語でお答えいたしました。日頃、我々が笑顔挨拶サービスを行っていることを知っていて、話しかけてくださったのですね。日々の仕事の積み重ねの大事さを改めて実感しました。（外国人スタッフ）

《解説》

この頃になると、ヘップボーイの認知度がずいぶん上がってきたようで、スタッフ自身も、これまでやってきたことに対して、結果がでてきたことで、さらに自信をつけて、ゆとりを持った接客ができるようになりました。

また、遠くから来られたお客様は、**ヘップボーイのことをとても珍しがられていました**。遠巻きにながめている修学旅行生に積極的に声をかけたり、受け入れていただけるように努力していました。その結果、

「とても新鮮ですね」

と喜んでくださる方が多かったです。

ご来館されたお客様に、珍しいと興味を持ってもらえること、面白いなと笑われること、私達にとっては、どちらも良いことです。
「つかみオッケー」ということになるのです。
まず私達が目にとまり、気づいてもらえたらそれでいいのです。
その上で、「笑顔」になってもらえたら、楽しんでもらえたら、
そして、ご案内できたら言うことナシです。
エンターテーナーとして、案内人として
「存在を認識してもらう」ということは大切だと、つくづく思うのです。

人が人を呼ぶ。噂が人を呼ぶ！

《日報》
・中学生位のお客様に挨拶をすると、「ほらな、さわやかかやろ?」と隣の友達に言っているのが聞こえました。「さわやか」と言われた嬉しさ以上に、一人のお客様からそのお友達へ、そしてそれが次のお客様へという「人が人を呼ぶ」という現象を実感できたからです。そのきっかけを作る担い手となっているＦＩＳの一員であるということに誇りを感じました。

・愛知県からの修学旅行生が団体で来館されました。生徒さんを案内していると「噂どおりさわやかですね」と言われました。ヘップボーイの噂が愛知まで伝わっていることに驚きました。もっと良い噂を広げてもらえるように笑顔挨拶に力を入れたいと思います。
・半年ほど前にご案内した40代くらいの女性のお客様が、お友達を連れて再びご来館くださいました。東京から、また僕達に会いに来ていただけるなんて、感激です。
・青森から来られた団体のお客様に、「青森でも噂になっているＨＥＰファイブを見にきました」と言われました。改めてＨＥＰファイブの知名度の高さに驚きました。

《解説》

何度も足を運んでくださるリピーターさんは、お友達を連れて来てくれるのです。そして、「**楽しさを共有**」してくれるのです。**人の記憶に残る場所や時間は、その体験に「何かを感じた**」からだと思います。楽しいことも嫌なことも含めて、その**刺激が強ければ強いほど他人に言いたくなる**ものです。これが、口コミとなるのです。

私達の存在が、お客様の記憶に残るということは、嬉しい限りであります。

人が人を呼ぶ～噂が人を呼ぶ～現象が起こってきました。

しかし、逆に10人のスタッフが良い接客をしても、たった一人が悪い接客をするとイメージは悪いほうへとかたよります。悪いことのほうが、人の口に立つことはよく知られています。人は、**嫌な体験のほうが強い刺激となって心に残る**ので、気をつけなければいけないのです。

カップルのお客様には配慮しなくっちゃ！

《日報》

・混雑している日は、人混みをよけてゆっくり歩いても、肩と肩が触れてしまうのを避けられないことがあります。特に女性向けのショップが集中しているフロアでは、カップルのお客様が多数を占めているので、男性側の気分を損なわないように気を遣います。もし肩が当たってしまったら、品位をもって謝り、良い雰囲気を作ろう。

・今日はカップルが多かったので、ウォーキングの際に、２人のムードをこわさぬよう、目線や声の大きさなど気を遣いました。

・平日の夜は、若いカップルのお客様が目につきます。男性のお客様に配慮した挨拶を心がけましょう。

・女性客が多いＨＥＰでは、夏に向けて徐々に薄着になるお客様（特にカップル）に対して誤解を招かないよう視線に気をつけよう。

《解説》

若い男性スタッフのため、同年代のカップルのお客様への配慮が必要になってきました。

カップルのお客様にスタッフが「こんにちは」と挨拶したところ、男性が女性に、「おい、おまえ知りあいか！」と問い詰めておられたことがありました。女性は、「違う！ここの人は『こんにちは』って挨拶しはんねん」と言ってくださったけれど、男性はどうも納得いかないようで、何度も振り返ってスタッフを見ておられました。

カップルで来られている男性に挨拶してもシカトされることが多く、気の弱いスタッフは、つい、笑顔で反応してくださる女性の方に挨拶をしてしまっていたのでした。

それが、思わぬ誤解を招くとわかってからは、常に男性へ視線を送るように心がけたのです。

第4章

スタッフが身につけた「おもてなし魂」～日報より

おもてなし魂その1

「言葉のおもてなし」を忘れない！　場を共有（共感）する

《日報》

・結婚記念日を祝うために「ＨＥＰファイブ」の観覧車を乗りに来られた年配のお客様に、「おめでとうございます！」と申し上げて、ご案内しました。

・卒業式の後に袴姿でお越しのお客様に、「おめでとうございます」と声をかけると、とても喜んでもらえました。

・成人式帰りで振袖姿のお客様が多く、カメラのシャッターを押してほしいと頼まれました。カメラを返す時に、「ご成人おめでとうございます」と添えるととても喜んでいただけました。

・動くインフォメーションＦＩＳも2年目です。この1年でしっかりとした土台を築くことができたと思います。今年も精一杯「言葉のおもてなし」ができるよう尽くしていこうと思います。

《解説》

尋ねられたことを案内するだけでなく、頼まれたことをするだけでなく、お客様との会話の中から、感じたことを言葉にして添えていました。それが、「**お客様をもてなす姿勢（気持ち）**」から生まれる「**言葉のおもてなし**」になります。

もし事務的に対応していたら、目の前のお客様が発しておられる本音や感覚を見ていないし、感じることも少ないので、このように自然な対応はできません。

お客様と「**場を共有（共感）**」することは、「おもてなし」には必要不可欠です。

おもてなし魂その２

目配りが重要。意識することで見えてくる

思った以上に幅広い層のお客様が来館されている中で、ご家族連れの場合、特にお子様の動向は注意して見る必要があったのです。

事故未然防止のためにも小さなお子様への「目配り」は本当に欠かせないのです。

《日報》
・３階で迷子を見つけました。一見すると館内を元気に走り回っているお子様でした

が、もしやと思い、声をかけてみてよかったです。

・今日は迷子が2件もありました。迷子を見つけた時の迅速な対応も大切なことですが、その前に問題が起こらないような防止策をとらないといけないと思います。お子様がちゃんと保護者と一緒にいるか、一人だけでいるお子様はいないか、気を配ることも心がけたいです。

・お客様が多いと、大人の中に紛れてお子様が見えなくなって危ないので、充分注意しよう。

・親御さんを探している様子のお子様に気づきました。その前にお父様と一緒の姿に気づいていたので、お父様の行かれたほうを見ており、そこまでお連れしました。

・小さなお子様が一人で走り回り、親御さんが見失いかけていたので、お子様を呼び止め、親御さんの元へお連れしました。

・小学生の男の子が5人、エスカレーターの手すりにまたがったり、エスカレーターを逆方向に上がったり下がったりしていたので、注意しました。その後も回転ドアで遊ぶなど危険な行為が多かったので、再度注意しましたが、ここ最近、保護者の方がお子様のそばにおられず、危険な遊びをしている場面によく遭遇し、対応に困っています。

・「お母さんが買い物中で、ここで待っているように言われた」とおっしゃるお子様がバーゲン期間のここ3日間はとても多かったです。特に4階のクロスエスカレーター周辺や２階の○△□店前、１階エントランスでそういうお子様を多く見かけ、迷子になってしまいそうで心配だったので、「もし、お母さんに会えなかったら案内板の前のお兄さんに声をかけるように」と声をかけました。

《解説》

面白いことに、人には、見ていても見えていないことがたくさんあるんです。

同じ場所にいて、同じものを見ていても、人によって「見方・見えているもの」が違います。見ているはずなのに見えていない、この目配り・気配りができているかどうかは、本人が意識しているか、気にしているか、興味（関心）があるかどうかの差なんです。「**気になるものは特に目に付く**」のです。

目配りができているからこそ、気配りができるという場面も多いのです。

お客様を「**意識する・気にする**」**ことで見えていなかったものが見えてくる**のです。

お客様が「**本当に気になる存在**」**になっていますか？**

おもてなし魂その3

お客様の気持ちに合わせる

《日報》

・今日、10代の女性のお客様に尋ねられた店が退店していたので、好みをお聞きして、新しく入ったお店に御案内しました。

・お客様から館内に無いセレクトショップを尋ねられたので、同じような雰囲気のセレクトショップをご案内すると、「そのお店のほうがいい」と言っていただけました

・お店の入れ替わりが多かったため、前にあった店を探しているお客様が多くなっています。このようなお客様は、大切なリピーターですので、お店が無くなった旨をお伝えする時には丁寧にご案内し、新しく入ったお店を上手に案内し、楽しんでいただきたいと思います。

・お客様の中には、一年以上前の記憶を頼りに僕達に質問してこられる方がおられます。少しでもお客様の力になれるよう、皆で協力して情報を集めてお答えすると大変喜んでいただけました。

《解説》

お客様からのお尋ねの中には、既に退店したお店や館内にないお店、ブランドなどが、よくありました。ただ、「無いです」「無くなってしまいました」という対応ではなく、なるべく、**類似するお店やブランドなどを補足するようにしていました**。もちろん調べても答えが出ず、ご案内できない場合もあります。

そんな時は、「**せっかく来ていただいたのに、申し訳ありません**」という気持ちを表現し、伝えるように心がけました。

また、一番気をつけていたのは、**以前あったお店へのお問い合わせ**です。

お客様の中には、久しぶりにご来館される方もたくさんいらっしゃいます。

学生時代に大阪にいらして社会人になって、またお引越し、転勤、結婚など様々な事情でこの大阪を離れ、何かの機会にお立ち寄りいただけたお客様は、その当時あったお店を目当てに来てくださることが多いのです。

「この間来た時はあったのに……」

と本当に残念がられる方は多く、**間違いなく「リピーターさん」**なのです。できるだけ「無いです」という簡単な答え方をしないようにしていました。必ず「**以前あったのですが……**」という言葉を添えていました。

「無い」と「無くなってしまった」のとでは違うのです。

「無い」は、ただ「無い」…という事実のみを伝える事になります。

「無くなってしまった」というのは、

「以前あった」そして「無くなった」という、一連のプロセスがあり、**お客様の心にある思い出を共有すること**が大切なのです。

そのために私達は、退店したお店もリストの中に入れており、各自リストを携帯し、お尋ねがある度に、自分の手でリストを繰って探していました。

お客様の**気持ちを推察し、その気持ちに合わせることも、お客様の気持ちへの「気配り」であるのです**。

その上で、せっかくご来館になったお客様に楽しんでもらえるように、お役に立てるように努めていました。

情報の追加なども、各自、ハンドブックに手書きで行なっていました。

いまどき、アナログだなと言われるかもしれませんが、おかげでたくさんのことを覚えることができたように思います。またそのほうが、応用も効くので、役立つことも多かったようです。

おもてなし魂その4

「変化」に気づく～どんなお客様が来られているか

《日報》
・アジア系観光客の方が多く見受けられたので、観覧車等の館内放送に、いつもの日本語と英語に付け加えて、中国語も流して、多くのお客様に楽しんでいただけるようにしました。
・夕方頃、制服姿の高校生が多く来館されました。ＨＥＰホールのイベントは高校生は無料なので、見に行っていただけるよう、積極的に館内放送でアピールをしました。

《解説》
館内案内の一つとして、定期的に観覧車の案内放送を流しています。観光客やお子様連れのお客様が多いと気づいたら、観覧車のご案内を増やすようにしていました。また、外国人のお客様が多い場合は、外国語バージョンを流しましたが、それを放送することで、やはりお尋ねを受けることが増えるのです。**ご案内する機会が増えるほど、楽しんでいただけるチャンスが増えます**。より楽しんでもらうための工夫なのです。今、館内に**どういうお客様が多いか**、**その変化に気づくこと**も必要です。

来館客数は、電子機器でカウントできますが、**客層は、現場で見ないとわからない**ことです。

産経新聞（09・4・7朝刊）記事でこんな投稿を見つけました。

『粋な車内アナウンスに感激』

3月22日に行なわれた「東京マラソン」に参加しました。その日の朝、宿泊先からスタート地点の新宿に向っていたJR山手線車内のことです。（略）車内アナウンスがありました。「駆け込み乗車は……」「携帯電話は……」と聞き慣れた乗車マナーへの注意のあと、『本日は、トレーニング姿でご乗車のお客様が、多数見受けられますが……東京マラソンに参加の選手のみなさまでしょうか。日頃の練習の成果を存分に発揮されます事をお祈りいたします。どうか本日は頑張って下さい。』車内では拍手が起こり、ランナーらしき乗客に「頑張って下さいね」と声をかける姿があちこちで見られました。粋なアナウンスに勇気と元気をもらいました。有難うございました。

私も、その電車で一緒に拍手したかった。こんな粋なはからい、大好きです。乗っていたお客様の多くが「笑顔」になったのではないでしょうか。普段は殺伐としている車内が、皆さんの楽しい気分で満たされたのではないかと思います。きっとアナウンスされた車掌さんも皆さんと同じ気持ちだったでしょう。

おもてなし魂その5

「変化」に気づく〜お客様の動向

《日報》
・徐々に寒さが増してきて来館されるお客様の服装もニットやブルゾン等になってきています。これから先コートを探しに来られる方も増えると思います。しっかり案内できるよう心がけたいと思います。また、寒さと共に日も短くなっており、お客様が退館される時間が夏に比べて早くなっているようなので、私達の笑顔でできるだけ長くお客様にいていただけるように頑張ろうと思います。
・近頃、スカーフを首にまいた女性を多く見かけますが、6階の○×△店で扱っていました。
・最近、キャスケットと呼ばれる帽子をかぶったお客様をよく見かけます。流行ってるようなので、覚えておきましょう。

・今日は給料日直後ということもあり、平日にしては、お客様の数が多い一日でした。見ていると、学生だけでなく、ビジネスマンや外国人のお客様も増えているので、それぞれに適した対応ができるように心積もりしておこう。
・最近また、クジラに関する質問が増えているので、新しいお客様が多いと感じました。

《解説》

お客様が身につけているものから流行を判断して、どの店に何があるのかを事前に調べておきます。案内する側として、お客様からまず学ぶのです。また、お客様の年代や好みによって、出てくる質問が違ってくるので、事前に想定してすぐに対応できるようにもしていました。**お客様の服装や質問内容の変化に敏感になること**、これは**商業施設として大切なマーケティング（定点観測）**なのです。そして、これを反映すべく、気づいたことを日報に書いて、情報の共有を図り接客に活かしていたのです。

スタッフに、

「今日はお客様はどう？」と聞くと、色んなことを教えてくれました。

（これは、わざと質問していました）

中には、「月曜日はね、オシャレな女の人が多いんですよ」ってなんだか嬉しそうに答えるスタッフがいて、理由までちゃんと分析して教えてくれました。彼いわく、「月曜日って美容院とかサービス関係で休みの人が多いんでしょうね。だからオシャレなお客様が多いんだと思うんです。また月曜日は「ＨＥＰファイブ」内の美容院へのお問い合わせも多いですよ」と。

毎日の仕事の中に、様々な変化を見つけること、気づくことが、仕事をよりアクティブに楽しむための秘訣かもしれませんね。

おもてなし魂その6

感覚のアンテナと想像力を

《日報》

・案内板をご覧になっているお客様は、どんなお店が入っているかを見たいだけかもしれません。「何かお探しでしょうか？」という言葉はふさわしくないと思います。お客様にはそれぞれ個人差があるので、機械的な接客は行なわないよう心がけていきたいです。

・エントランスで「お友達とはぐれた」という会話を耳にしたので、お声をかけて、呼び出しをご案内すると大変喜んでいただけました。

・長い時間、人を待たれてる様子のお客様がおられたので、お声をかけると「呼び出しをお願いしたい」との依頼を受け、お役に立つことができました。
・館内ポスターに興味を持たれている様子のお子様がおられたので、同柄のポストカードを差し上げると大変喜ばれました。
・カウンター付近で、靴擦れのために、痛そうにされているお客様がおられたので、スタッフ用の常備薬として置いてあるばんそうこうを差し上げました。
・冷たい風が吹いていたので、ベビーカーの貸し出しの際、風があまり当らない場所へ移動し説明を行ないました。
・強い西日が眩しかったので、ご案内の際、お客様が眩しくないように、我々が太陽のほうに向いてご案内するよう、立ち位置には気をつけました。

《解説》
直接お客様と会話をしなくても、**見たり、聞こえたり、感じたりすること、つまり様子を伺うことで、お客様への対応の内容が変わってきます。**
お客様から発信されている様々なものをキャッチするために、まず自分の「**感覚のアンテナ**」が大切です。キャッチしたら次に「自分として何ができるか？」と考えることが重要です。そのために必要なのが、「**想像力**」です。
実際にスタッフを見ていると、「自分にできること」を探すために、「**自分に何が必要か（自分が常にどのようにすることが大切か）**」というプロセスをたどる人が多かったように思います。お客様をよ〜く観るようになり、何事にも敏感になっていきました。案内板の前で「こんにちは。もしよろしければご案内いたします！」と、お声をかけながら、いつも笑顔でお客様を見（観）つめていました。

このプロセスは仕事をみずから創る「能動的なインフォメーション」としての基本なのです。

おもてなし魂その７

「きっかけ」が大事。購買動機（チャンス）を高めるお手伝い

《日報》
- 彼氏のプレゼントを買いに来られたお客様に「何がいいか」相談に乗って欲しいと言われ、色々と提案してご案内したところ、大変喜んでいただけました。
- 男性のお客様に「妻にプレゼントを渡そうと思っているのですが」と話しかけられ、ご相談しながらご案内しました。
- お母様へのプレゼントを探している男子高校生から相談を受けた時、事前にチェックしていた情報を元にご案内をしました。

・お嬢様へ靴のプレゼントを探しに来られたお客様がおられ、お歳やご趣味をお聞きし、流行の靴がどのようなものかといったことも交えながらご案内しました。
・30代くらいの女性のお客様から「HEPに私でも着ることができるような落ち着いた感じの水着はありますか」と、尋ねられました。水着の取扱い店をご案内する際に、お店の雰囲気や商品のイメージもお伝えしました。プラスαの情報をお伝えすることで、よりお客様に喜んでいただくことができました。

《解説》

案内だけでなく、お買い物のご相談を受けて、ご案内することもとても多かったです。プレゼント需要として、クリスマス、バレンタイン、ホワイトデー、母の日、父の日、イベントはたくさんあります。**お客様の消費のきっかけ**になっている、こういった問いかけを大切に、**プラスαの情報をお知らせすること**で、**購買動機を後押しする接客**ができるようになっていきました。

また、お客様からのご相談内容はとても幅広く、その期待に応えられるよう精いっぱいの応対を心がけると共に、**相談しやすい雰囲気づくり**（基本の笑顔挨拶です！）にも力を入れていました。そのため相談されることが何よりも嬉しいことであり、「お任せください！」と張り切る瞬間でもありました。

《日報》

・エントランスで、紙袋の持ち手が取れてしまったお客様がおられたので、声をかけてセロテープをお貸しし、あわせて紙袋を取り扱っているお店をご案内しました。

・遠方から来られたお客様が多く、特にお子様はクジラのオブジェを見て驚いていました。クジラをバックに写真を撮られる方も多く、こちらから声をかけて、シャッターを押す等をして、良いコミュニケーションを取ることができ、同時に館内の案内をさせていただきました。

・天気が良かったせいか、夕方から観覧車に関するお問い合わせが多くあり、「今は待ち時間が無いのですぐに乗れますよ」と一言添えてご案内するようにしました。「そんなことまでわかるんや！」と驚かれる方も何人かいらっしゃいました。

・台風の雨で、朝からご来館されるお客様が少なく感じました。そのためかお電話で、「今日は開いてますか？」というお問い合わせが多くあり、営業していることに付け加え、駅から地下街を通って直通で来れることをご案内し、多くの方がご来館されるよう努めました。

・外国からのお客様が多く、中国からの方、欧米系の方が目立っていました。外国のお客様に人気のあるスターバックス等は、案内板ではローマ字表記がなかったので、早めに声をかけるように気をつけました。（※スターバックスの案内表記はカタカナになっていました）

・年配のお客様が、「ここは若い人向きやね」と、館内でのショッピングを諦めかけておられたので、服以外にも様々な店があることを伝えて、違った楽しみ方をお勧めしました。
・クリスマスプレゼントの下見に来られたお客様がおられ、お店のご案内と「クリスマスファンタジーのラッピング」について、合わせてご案内するととても喜んでいただきました

《解説》

お客様に様々な気配りを行うことで、またそれがきっかけとなって館内の各お店や施設へスムーズに気持ちよく、まず足を運んでいただけることが何よりも重要なのです。それは、**購買チャンスを逸しない案内**であり、**楽しい衝動買いを促す案内**です。そんな**「きっかけ」＝「こと」が生むチャンス（購買）はいっぱいあるのです**。消費を促すためには「モノ」だけでなく「こと」との連動が大切であると言われているこの時代、商業施設の案内人としても、「こと」の大切さを知り、お客様にとって**気持ちの良い「こと」を生む使命**があったのです。

おもてなし魂その8

日々、自己啓発～情報収集は欠かせない

《日報》

・クリスマスや正月等イベントが多い季節です。特に「高校生～20代男女」にとっては一大イベントだと思います。時々、男性のお客様から「彼女にプレゼントしたいんやけど、どういうのがいいのかなぁ？」というお問い合わせがあります。冬が近づくとこういう問い合わせが増えてくると思います。FISスタッフはほとんどが20代前半で、プレゼントを探しに来られる男女も「若いインフォメーションスタッフなら気の利いた案内をしてくれるだろう」という期待を抱いておられる人も多いと思うので、精一杯の案内サービスができるよう頑張っていこうと思います。

・プライベートの時間にも館内を歩いて、それぞれの店にどんな商品がおいてあるのかを調べたほうがスムーズかつ的確な案内ができると思います。自分達でよりよい接客サービスができるように考えましょう。

・お客様からの質問には、時期、季節、天候等から予め予測できるものがあります。雨が降っていれば傘、また就職活動用のスーツを探される時期です。お客様の質問の

先を読み、スムーズに案内できるようにウォーキングの時間を有効に使いましょう。
・今日、来年のダイアリーのお問い合わせがありました。これから先、お問い合わせが増えてくると思うので、カレンダー等と一緒にチェックしておこう。

《解説》

「おもてなし魂7」の「**購買のきっかけ**」**作りの基礎となるのがこの情報収集**です。

一般的に、インフォメーションに与えられる資料は、店名リスト・電話番号リスト・取り扱いブランドリストが主流となっていました。

「HEPファイブ」のようなSCは、百貨店のように商品部門のフロア別になっていないですし、トータルで商品を扱うお店が主流になってきているため、商品アイテムのお問い合わせ等はご案内が難しいのです。そのために各お店の内容を把握することが必要で、ウォーキング中に収集できない場合は、勤務後に調べたりしていました。

もし、**お問い合わせとして先読みができるものがあれば、準備しておくことは可能ですし、大事なこと**です。お問い合わせに応えられなかった場合も次に反映できるように収集に努めていました。商品の情報は「**ナマモノ**」で常に動いているものです。よって、**日々情報収集が必要**となってくるのです。情報の共有として、日報及び事務所内にて掲示し、情報レベルの均等化を図っていました。

また、お客様からの**お問い合わせにも、接客のヒントになる情報が有り**なのです。

日々、自己啓発

《日報》

・夏休みに入り、若いお客様が増えてきます。我々の挨拶に対して一番反応の良い同じ世代のお客様が増えるということは、我々のサービス力が試される時期ともいえるので、もう一度自分のサービスを見直し、夏に備えたいと思いました。

・メンバーの大半が学生であり、又、４月から新学期が始まったためか、最近みんな疲れ気味のように思えます。お客様から見れば学生でもフリーターでもなく、当然プロのＦＩＳ（＝インフォメーションスタッフ）です。元気を出して明るく楽しくお客様をお迎えできるよう、頑張りましょう。

・誰しも人に笑顔で話かけられるのは嬉しいものです。自分達がいかに素晴らしい仕事をしているかを自覚し、なおかつ常に自己啓発の意識を持って老若男女問わず、全てのお客様を最高の笑顔でお迎えできるように頑張りましょう。

《解説》

日報を見てみると、スタッフ一人ひとりが、教えられたこと以外に自分で工夫をして、お客様とコミュニケーションをとろうとしています。

そのベースになるのは本人の心がけ、まさに「**気配り・心配り**」です。それは、サービス業に限らず、どの仕事、どの場面においても重要なポイントではないでしょうか。

「日々、自己啓発」は欠かせないのです。


ご紹介した「おもてなし魂」を、皆さんの職場に置き換えると……

一緒に仕事する人達と同じ気持ちで仕事する。

仕事の内容を意識する・関心をもつことで、色んなことに目がいく。

まずは、相手の気持ちに合わせて考える。

言われなくても、まわりの空気を察知し、自分に何ができるだろうと考える。

毎日の仕事の中で変化を見逃さず、敏感に反応する。


そうすることで色んなきっかけが生まれます。

「仕事が楽しくなるきっかけ」が生まれるのです。

仕事が楽しくなると、もっと頑張ろうと努力するようになります。**これが自己啓発となり、プラスのサイクルとなるのです。**

もしも、何も見ないで、何も感じないで、何も考えなければ、何のきっかけも生まれないでしょう。

だから楽しくないし、頑張ろうとも思えない、そんなマイナスのサイクルとなってしまうのだと思います。

第5章

自己啓発系バイト、ヘップボーイ

実はみんな自信がないんです

いつの頃からか、スタッフがプライベートで梅田界隈を歩いている時に、「ヘップボーイだ」「HEPのお兄さんだ」と、注目をされたり、声をかけられたりするようになりました。「HEPファイブ」の顔として働いている以上、仕事以外でもHEPのイメージと重ねられてしまうのは仕方のないことです。

彼らはそれをイヤなことだとは捉えず、「見られる仕事だから、きちんとしなければ」と、より自分を磨こうと努力をしました。

いつも笑顔で、堂々としているヘップボーイ達。はたから見れば、自分に自信を持って仕事に取り組む積極的なイメージですが、実際はそうではなかったと思います。もしかしたら、自信の無い人のほうが多かったかもしれません。ただ、「**そうなりたい**」と思って、努力をしていたことは間違いありません。

ある時、スタッフがぽつりと言いました。

「僕は、実はネクラなんです。この仕事をすることで、少しずつ自分が明るくなってきました。ヘップボーイは、**僕にとって自己啓発系バイト**といえます」

他のスタッフ達も同じような捉え方をしていたようです。多くのスタッフが、ヘップボーイという役割を一つの目標とし、その役に成りきることで自分を磨き、成長していきました。**自分が「そうなりたい」と思うことは「目標を持つ」ことになり、自分を変えるきっかけにもなります。**いわれてみれば、まさに自己啓発系アルバイトですね。

応募者の中には、小学生や中学生の頃にヘップボーイを見て、「自分もあんなふうになりたい」と思ってチャレンジしてくれた人がたくさんいました。これは、スタッフにとっても、励みとなっていたようです。自分達が、憧れられる存在であることの嬉しさと同時に、自分達も、「そうなりたい」と目標を持って、日々取り組んでいるだけに、ますます自信がついてきます。

探求こそ人生だ

悩みながら仕事をしたスタッフに、伊藤雄（当時21歳）がいます。彼は、中学生時代、ヘップボーイを見て、

「さわやかな笑顔で挨拶をする青年達を羨望と、ある種のひがみに似た眼差しで見ていた」

と言います。そのわだかまりの根本にあったのは、

「自分はあの人達みたいになれない。あんなに綺麗に笑えない」

という感情だったそうです。

そんな彼が応募した理由は、**心の底から「自分が変わること」を求めていたから。そして、その先にある理想像こそ、「かつて見たヘップボーイだった」**ということでした。

採用されたばかりの彼は、大きな目なのに、瞳に光が無く、どこを見ているのかわからないウツロな感じの青年でした。何かもったいないなと思ったのを覚えています。語ることも頭でっかちでした。それでも採用したのは、固さの中にある真面目な印象がいい意味で気になったからです。

その当時のことを彼は、

「大学2年の終わり頃、ちょうど前のバイトを辞めて、空虚な心で満たされぬ日々を過ごしていた」

と表現しています。

彼は、研修中からかなり苦労したと思います。実は、教える私も指導に一番時間がかかったのです。まずは、笑顔挨拶サービスの部分からでした。彼の笑顔は、目に力が無い、感情が無い、お客様に何も伝わらないだろう、というようなムードでした。

「マネージャーが繰り返し言う『**あなた自身が持っている人としてのナチュラルな美**

しさ、魅力的な笑顔』というものがわからない。鏡の前で笑ってみても答えはなかった。制服姿がぎこちない。僕には磨いて輝くものがあるのだろうか」

と、彼は手帳に書いていたそうです。とにかく彼は悩んでいました。私の言う、

「ヘップボーイを頭の中でこねくりまわして考えすぎないように。**頭で考えるんじゃなくて、感じるもの**」

ということが理解できなかったのです。お客様と接する中で、彼自身もそのことに気づいていました。

「認めたくなかったのですが、僕の接客には明らかなボロが出ていました。インフォメーションを聞き終えると、さっさと立ち去っていくお客様。『挨拶』をしながら、機械的に過ぎていく時間。何もかもがかつて理想だと追いかけたヘップボーイの姿とかけ離れていました」

思考錯誤、いや、暗中模索していた彼に、ある転機が訪れました。

私と2人で、館内で研修をしていた時、ちょうどウォーキングをしながら笑顔挨拶を行っている先輩のロガットがいました。しばらくその姿に見惚れていた彼が、

「ロガットさんが歩く先々に人々の笑顔がある。彼の楽しそうな雰囲気が、ひとことの挨拶だけで、お客様に伝わっていく……これなんですね。理屈じゃなく直感的に実感できました」

と、言ってくれたのです。

「僕は、自分にはできっこないと、殻にとじこもっていたかもしれません」

と、自分の気持ちを分析した彼は、すぐにその時感じた実感を頼りに、そしてお客様の感情を感じながら笑顔挨拶を始めました。すると、徐々にお客様の反応に、良い兆しが出てきたのです。接客中に、お客様の眼に光がさし、笑顔がこぼれる。ご案内が終わった後、店に向かわれるお客様の会話の中にヘップボーイの話題がそのまま続いていく。頻繁にそんな経験をすると、どんどん自信がついてきます。

「**心が解放されたようです**」

と、彼は心からの自然な笑顔を私に向けてくれました。

やがて、彼の大きな目は自信と意欲に満ちて、まるで星が光るように輝くようになっていったのです。

ある時、案内板の前で、お客様にお声をかけている彼を見た男子高校生が、

「うわぁ！　あの人の目、めっちゃキラキラしてる」

と、友達にささやいていていました。確かに、思い悩んだ日々が嘘のように、キラキラしていました。私も思わず見入ってしまいました。内心とても嬉しかったです。

ヘップボーイを天職のように、楽しみながら仕事を通して成長した彼は、のちにこう言いました。

「**接客は絶えまなき探求である。その探求こそ人生だ。**ヘップボーイというのは、こ

れそのものだった。皆この信条を共有していた。**夢を持つものが、自分を見つめ直し、昨日より今日をもっともっと素晴らしくするために探求し続ける。ヘップボーイは生まれ変わりながら、今を生き続ける**」

この経験は、彼の私生活にまで変化を与えたようです。

「**変わっちゃった。人生変わっちゃった**」

ヘップボーイを卒業して、望んだ企業の内定をいただき、社会人の第一歩を踏み出すための助走に入った彼の言葉です。「**人は変われる**」と、本当に思います。

彼以外にも同じような人はたくさんいました。人との関わり方が苦手な人が多いのです。頭でっかちで、自分一人で考えて、お客様とのコミュニケーションにリアリティの無い人が多いように思います。目の前の相手をそのまま感じる、そして自分を感じる、そんな関わり方をしていないようです。

なのに、どうして、接客の仕事を選ぶのでしょうか。実は不思議だったのです。でも、彼らは変わりたい、と思って行動を起こしたのです。ヘップボーイに応募してくる青年それぞれの思いを受け止めながら、私も全身全霊で彼らと対峙《たいじ》していました。大変でしたが、彼らの心が解放されて変わっていく姿を見ること、接することでその苦労が報われたのです。

壁を乗り越えると自分が変化しているのが感じられました

同じように笑顔挨拶で苦労した御前《みさき》佑介（当時21歳）は、自分にとっての「壁」を強く意識しながら、仕事をしていたようでした。

彼の面接には2時間もかかりました。おまけに8割は私が喋っている、そんな面接でした。動かずにじっと私を見つめたまま話を聞いているのです。質問をしても、「はい」と、短い答えのみ。考えるのにまた時間がかかるのです。笑顔の少ない、話ベタな、でも誠実な印象でした。彼は信頼できるという直感で採用を決めました。

研修では、ビデオを撮って、自身の表情や姿をチェックしていました。

「僕の顔、怒ってますよね……」

本人も認めるくらい、笑顔とは言いがたく、むしろ怒っているに近いものでした。彼はそんな自分の姿をビデオで見て驚き、みずから努力を始めました。私は彼には笑顔のことは注意しませんでした。自分で考えて、真剣に取り組んでいる様子が見てとれたからです。

「ヘップボーイは、**自分が壁にぶつかっていることを明確に感じられる仕事**でした。そして**壁を乗り越える度に、自分が変化していることがわかりました**。そしてまた、**新しい壁**がやってきて、それを乗り越える。その繰り返しでした。壁は、おそらくその時の自分とヘップボーイとしてならなければならない自分（**そうなりたい自分**）との**ギャップ**だったのかと思います」

と、卒業する時に彼は言いました。

時間をかけて、こつこつと壁を乗り越えて、大きく変わった彼が、自分がどのように変わったのかを次のように分析しています。

・**自分のことがかなり好きになった。**

・**自分自身に以前より興味をもつようになった。**

・**日常生活で自分自身を高めることを意識するようになった。**

・働く前と今との決定的な違いは、今は何かをするにしても、苦手なことであっても**熱意と時間があれば**、ある程度のレベルまでは**どんなことでもやれるようになるという気持ちになった。以前は自分の可能性を決めつけていた。**

・これからどんな仕事をすることになってもやっていけるという**自信**がついた。

彼は、私に会うたびに、「またビデオ撮ってもらえませんか？」と楽しそうに言うのです。

本当にこの仕事をやりたいですか？

十年間、スタッフを採用するためにたくさんの人達の面接をしてきました。その時、次のような質問をよくしていました。


「この仕事をどう思いますか？」

「ヘップボーイをどう思いますか？

どのようなイメージですか？

どんなふうに感じますか？」

「このような仕事をやってみたいと思いますか？」

「あんなふうに**なりたいと思いますか？**」

そして、最後に、

「あなたが、本当にやりたい、なりたいと思うのであれば、やれるし、なれると思います。どうですか？」


ただのアルバイトなのに……と、思われる方もおられたでしょう。でも、プロとして仕事をする以上、真剣に取り組んでもらわないと困ります。

スタッフは誰も初めから完璧にできていたわけではありません。努力し続けて、ヘップボーイとして、人として成長していくのです。**あの雰囲気・笑顔・行動は、彼らの内側から出ているもの**で、周りが作るものではないのです。

最初は、**「できない自分」と向き合う**ことになります。ラクなものではありません。実際辞めていく人もいます。

できるようになるまでには、時間もかかるし簡単ではありません。でも、本人の気持ちややる気がなくては、どうにもなりません。

「やりたいと言った限りは努力してもらいますよ」

でも、大変かもしれないけど、得るものも大きいのです。

「自分があんなふうに堂々とたくさんのお客様に笑顔を向けることができたら、どうですか？」

このような質問をしていくと、その人が見えてきます。目がキラッと輝く人、表情が変わる人、興味を持ったことがわかります。反対に固まってしまう人もいたりしますが……。

何を答えるか、というのも大事ですが、それ以上に、**どのように答えているのか**で、その人がどのように感じているのかをチェックしていたところがあります。

もし、質問に上手く答えることができなくても、その中で感じるものがあれば、そこに焦点を合わせるようにしていました。誠実さを感じたら、こちらから「やってみませんか？」と言う場合もありました。

選ぶのはあなたです〜選択と責任

面接に合格したら、次は実際にユニフォームを着て現場に立って、お客様に対して挨拶をしてもらうテストを行います。

「見ているのと実際にやるのとでは違うので、**自分が本当にこの仕事をやりたいか、その確認のためにやってみてください**」と本人に再確認するようにしていました。

やってみて、もうイヤだと思うかもしれないし、反対に、上手くできなかったけどワクワク感が生まれたから、やってみたいと思う人もいるでしょう。どちらにしても、最後は、自分で選んでもらいました。**自分で選択したことに、責任もついてくるからです。**

「研修では、笑顔挨拶以外にも覚えることは多いですし、家で復習も必要です。することがたくさんあります。頑張れますか？　あなたが、やりたいと言うのなら、私も一緒に頑張りたいと思います。そうでないなら、お互い時間の無駄なのでやめておきましょう。どうしますか？」

私がしつこいぐらい質問をし、確認をしていくのは、人は聞いているようで聞いていない生き物だから、自分に都合よく人の話を聞く習性もあるのです。採用してから、「えっ、ちゃんと説明したでしょう！　この仕事をやりたいって言ってきたんじゃないの？」と、驚くことが多々ありました。たくさんの人を面接し、採用してきて本当に痛感したことです。

だから、何度も同じことを言い、確認するようにしていたのでした。

「あなたが選んだのですよ」と。

自分に向き合っていくこと〜この仕事を甘く見ていました

採用が決まると、研修がスタートします。まず、ヘップボーイとしての基本的な知識を覚えます。館内施設・スタッフのルール・お店の名前と場所・お客様からお問い合わせの多い商品（アイテム等）の取扱い店など、必要なことは山のようにあります。

説明を聞く時に自分のハンドブックにメモをとり、各自持ち帰って自分が検索しやすいようにハンドブックを整理すること、優先順位をつけて、それを覚えてくることになっていました。

大学生なので、学校の勉強、サークルと何かと忙しい上に、アルバイト先から宿題が出るのですから、かなり大変だったと思います。でも、責任を持ってやってもらわなければなりません。

ところが、きちんと復習をしていないために、質問に答えられないことが数知れず。当日の研修のための準備ができていない人も多かったのです。

「案内の練習するのに、ハンドブックの整理ができてなかったらどうやって調べるの？」

「次までに覚えてくるように前回言いましたね」

と、常に私に怒られていました。

ここで、**「あなたが選んだ仕事なのですよ」という必要性が出てくる**のです。

また、こんな人も結構いました。

こんな簡単なことならすぐに覚えられる。自分はきちんとできると思っていて、案内の練習をしている時に、ハンドブックを見て確認することを怠ってしまうタイプです。

こういう人は、研修に倍の時間を要してしまうのです。

何度「ハンドブックで確認をしてから案内しなさい」と言っても、「自分は覚えている、できる」と、思い込んでいるからとても厄介なのです。

最初から完璧にできる人などいないですし、間違いが無いかを自分で確認しながら、ようやく一人前になるのです。一番大切なのは、間違った案内をしないことなのです。

お客様に迷惑をかけてしまうことになるからです。

こういう人は、本当に困ったものです。

「私達の役割はなんだと思う？　何のために案内しているの？　お客様に気持ち良く館内で過ごしてもらうため、違う？　お客様のために今の自分がどうしないといけないと考えているの？　間違った案内をしないように努めることと違うの？　自分のことしか考えてないんじゃないの？　カッコよく案内することばかり考えてない？」

「あなたは、自分でできると思っているようだけど、現実は、ちっともできていないよ。自分ができていないということを自分でわかってない人が、どうやって何を努力するつもり？」

といったようなことを懇々と言ってきました。


散々、私に叱られた新人が、研修後、次のようなメールをくれました。

「今日はありがとうございました！
指摘されてから色々考えていたのですが、
やっぱりどこかヘップボーイの仕事を甘く見ていた所が
自分の中にあったと思います。

それが何から来ていたものか、はっきりとはわかりませんが、
今の部活内や大学のゼミ、それからファミレスのバイト等において
周りに仕事を任されることが多くなってきたことから、
『自分ならできる』というように変な自信が生まれていたのだと思います。

きっと今日指摘していただけなかったら、
これから先もずっとあの調子で、
どこかで何か大きな失敗をするまで気づかなかったでしょうね。

うまく言えませんが、
何事も自分ができることを全部真剣にやって、
それでも『何か忘れていることは無いか』、『勘違いしているところは無いか』
と自分に疑問を持ち続けることが
今の僕には必要なのではないかと思います。
人の心の動きやコミュニケーションについてもすごく勉強になりました」

現実の自分をしっかり見ることは難しいと思います。でも、**自分は何ができていないのかを知ることは、目標に向かって進むための道筋を示してくれます。**自分に足りない

ものをどのように足していくのかを考えること、自分ができることに、より磨きをかけることも大切なことです。これに気づいて努力した人は着実に成長しました。そして、彼らはまず、**人の話をしっかりと聞く人**でした。

もし、サービス業の経験があったとしても、新しい職場では初心者です。謙虚な気持ちで向き合うことが何よりも重要だと思います。自分にはできる、簡単だと思っている人は、一足飛びに前へ進もうと、基本を徹底せずに応用をしたがります。たくさんの落とし物に気づかず、前へ進んでいくと、後でそれを拾うために戻らないといけない、そして、結局ゴールに着くのが遅れてしまうのです。

「**基本ができているから、応用ができる**」ものなのです。

ミスから学ぶことは多い

自分の欠点と向き合うことで、ひとまわり大きくなったスタッフに脇田和也（当時19歳）がいました。

彼は、いつも元気で、とにかく頭の回転が速く気持ちが前へ前へ出ているサッカー青年でした。普段から、前方45度に体を倒して動いているという表現がピッタリでした。先輩に「話を最後まで聞け！」と叱られたり、と何かにつけて「もっとゆっくり！」と注意されていました。「自分はわかっている、できるから大丈夫」という思いから、相手のことを考えずにどんどん前へ進んでいくのです。

「僕は新人の頃に、いくつもミスをしましたが、恥ずかしながら一番多くミスをしたのは仕事に慣れた頃でした。しかもそれは新人の時とは違う凡ミスでした。**原因は慣れからくる変な自信や間違った思い込み**だったと思います。これはヘップボーイを通じて知ることができた僕の欠点です。ミスから学ぶことがたくさんありました」

と、振り返っていた彼が、リーダーとして新人の教育を受け持つことがありました。これが彼にとって、良い経験になりました。**わからない人に教えるために、その人に合わせるということを覚えたのです**。自分のペースでどんどん進んでいては、結果が出ないのです。彼の学びは深かったと思います。そして、彼は教えることの難しさ、楽しさを味わったようでした。

「入った当時は的場さんに何度も『ぶっきらぼうなイメージがある、もっと謙虚な気持ちを持ってください』と指摘されました。実際にそうだったと思います。でも毎日ヘップボーイをしながら笑顔挨拶や、**相手の立場に立って考えることを心がけているうちに、自分の欠点を理解し改善する努力ができるようになった**と思います。また**物事を広い視野で見ることができるようになった**と思います。大都会の真ん中にある「ＨＥＰファイブ」で働いていると、**自分の想像をはるかに越える考え方や感性を持ったお客様に出会います。自分にとっての常識が通用するとは限らないことがわかりました**。またお客様の様子をしっかり見て**相手の立場に立った接客が必要だと思いました**」

自分を不自由にしていたのは自分だった

ヘップボーイを志願する人は、「そうなりたい」と思いながら、自分に自信がない人が多いと言いましたが、「実は、目立ちたがり屋」の人も多かったのです。

「恥ずかしいけど目立ちたい」という願望がありながら、それをうまく表現できなかったのは渡邉慎也（当時21歳）。

彼の志望動機は、「**コミュニケーション能力を身につけたい**」でした。

最初の印象は、表情は固めで、粗削りなところはなく、きれいに品良くまとまっている青年といった感じでした。きれいに装っているためか、どちらかというと個性が無く、人の印象に残りにくいタイプだったと思います。決してそれは悪いことではないのですが、人間的な魅力というのは、良くも悪くもその人の奥深いところから見え隠れするところにあるような気がするのです。

そんな彼は、館内放送が嫌いでした。彼にとって些細な失敗も許されないのです。

「間違ったら恥ずかしい」

と思っていたらしいのですが、まさに自意識過剰です。

そのうち彼は、自分で気づきます。

「ヘップボーイを選んだ時点で、目立ちたいという潜在的な願望はあったのです。けれど、**『恥ずかしいし失敗したらどうしよう』**という気持ちが先行して、**不自由になっていた**のだと思います。でも、実際は目立ちたいわけですから、そんなちぐはぐな気持ちで**お客様に呼びかけても届かないし自分もしんどい**。それに気づいて、もっと自分が楽しいようにやってみようと思いました。すると、**お客様の反応がよくなり、自分も楽しくなりました。小さなことかもしれませんが大きな発見でした**」

自分を表現し、人や社会とコミュニケーションをとることは、本来とても楽しいことなのです。子どもの頃は、毎日無邪気で楽しかったのに、大きくなって知識が増えると、考えすぎて身動きが取れなくなってしまうことが多いような気がします。自分らしくいることが、難しくなってしまうんですね。自分を出したら、人に迷惑がかかると思っている人もいるようですが、そんなことはありません。最初はぎこちないかもしれませんが、試してみてほしいと思います。**絶対に「楽しい！」**のです。

「ヘップボーイの仕事を通して、僕はコミュニケーションについての考え方が少し変わりました。以前の僕は『とりあえず失礼のないように縮こまっていよう』と萎縮する傾向があったのですが、今は他人はそれほど僕のことを気にしていない、と考えるようになって、楽になりました」と。

そんな彼は、自分と同じように嫌がる後輩にわざと放送をやらせるようにしていたそうです。その結果、ある日を境に後輩が「僕が放送をやっておきましょうか？」と自分から言うようになったそうです。その後の彼の放送は、生き生きしていて良い雰囲気を作れていると渡邉さんも実感した、とのことです。（めでたし、めでたし）

伸び伸びと自分を表現することは、素晴らしいことですね。**伝えたいことが、お客様にダイレクトに響き、必然的に反応が良くなります。楽しさ倍増間違いなしです。**

接客の場面で、このようなことはないでしょうか？

きれいな言葉遣いで、美しい笑顔の接客を受けたのに、何か違和感を感じたり、後から考えても、これといった印象が残っていないことはありませんか。そつがないのに、心を動かされるような感動がない時。

きっとその人自身が発している**心からのメッセージではなく、装ったもの**だからではないでしょうか。**もったいない**ですね。

ヘップボーイには、自分の笑顔で自分の言葉でお客様と接してほしいと思っていました。そのほうが、個性があってカッコイイ。言い方を変えれば、人間らしいからです。それがまた魅力にもなるように思うのです。**その人が持つナチュラルな魅力**っていいですね。

「感じる力」を磨く

ヘップボーイの教育には、「感じる」という言葉を多く使いました。私はそれがとても大切だと考えています。今この「感じる」ことに鈍感な人が多いように思います。「空気が読めない人」というのは、その場の雰囲気が感じとれない人です。使わないと鈍ってしまう感覚なのかもしれません。ひどくなると、自分自身が感じていることさえ、わからない人がいるくらいです。

私達のように**お客様と関わる仕事においては、この「感じる」ということは第一に重要になってきます**。第4章で、「感覚のアンテナ」として触れた部分です。

第2章では、人間は見えないものも感じているということ、そして、そのことがどのように作用しているのかということも見逃せないと書きました。

人間は感じることで、感情が生まれ、行動に影響を与えています。

お客様に嬉しいと感じていただくためには、お客様の感情に触れなくてはなりません。まず、こちらがお客様を感じることからなのです。これは、「お客様の気持ちを察する」と言われるのと全く同じことです。

見て感じる・聞いて感じる・身体で感じる、五感をフル回転させましょう。

研修中も、「感覚」というものに特に重点をおいていました。その中でも私が、よく口にしたのは、「どんなふうに感じる？」という言葉です。

どんなことに対しても、わざわざ「どう感じたか？」と、しつこく質問するようにしていました。そうすることで、自分の感覚を使って、考えるようになるからです。

使っていない感覚を呼び起こすための訓練だったのです。慣れない間は、皆、答えるのがとてもしんどそうでした。「えっ、そんなこと聞かれても……」と、言葉を絞り出すように自分に問いかけている様子でした。

面接の後のテストでは、スタッフに手伝ってもらい、館内での挨拶やウォーキングを実際にやって見せながら、受験者に説明してもらうのです。受験者も衣装をつけて、そして実際に挨拶などを一緒にやるミニ研修を盛り込みながら進めていきます。

ひと通り終った時点で、スタッフに次のように質問していました。

「一緒にいて、**どんな感じ**の人だった？」

最初から、ヘップボーイと同じように挨拶ができるはずはありません。ただ、その人が、どんな態度で教わったのか、スタッフが教えながら、その人をどう感じたのかということが重要なのです。この「**感じ**」というのは、外見ではなく、その人の内側をとらえているものです。これは、私が面接の時に色々質問して、どんな人かを探るのと全く同じです。

リーダークラスのスタッフには、これも「感じる」訓練になるのです。

「いいと思いますよ」という答え方だと、私から「どういうところがいいと感じたの？　具体的に」と、説明を求められるから、スタッフも大変です。

感じたことを具体的な言葉にすることで、本人の実感が深まるのです。

感覚が鈍ってしまっている人は、「なんかいいと思った」ぐらいで終わってしまい「何がどのようにいいのか」まで行きつかないのです。そして、忘れていくのです。「なにが良くなかったのか」ということも同じです。出来事の意味を追求しなければ、次の行動に移ることができず、ステップアップもできません。

伝わらなければ意味が無い、やり方を変える！

人は、仕事として気持ちを切り替えて臨んでいても、その時のコンディションが態度や笑顔に影響することがあります。

また、ある程度仕事に慣れた頃によく起こることなのですが、

「この前は、お客様に挨拶したら反応よく返事が返ってきたのに、今日は全然反応がない。どうしたんだろう？」

慣れによる油断から、仕事への姿勢がブレてきていることに気づかないんですね。そ

のまま負のスパイラルになって悪循環にはまってしまうことがあります。

そして、**何よりも怖いのは、仕事が楽しくなくなること**。

お客様に反応していただけることが楽しかったのに、反応をもらえなくなると、段々つまらなくなってしまうのです。

この時点で、再度、中間チェックとして、指導に入るようにしていました。

ここで彼らが学ばなければいけないのは、自分のお客様への投げかけが足りないから、タイミングが悪いから、挨拶が届かなくて反応してもらえないということなのです。

そんな時は、自分自身がどんな挨拶をしているかを知ってもらうために、ビデオで仕事の様子を撮影して、本人に見てもらうようにしていました。

私がこと細かく言わなくても、**客観的に自分を見ること**で理解できますし、改善のポイントがわかりやすくなるからです。

何よりもお客様から反応してもらえないことの理由を**本人が見つけて納得できる**のです。

そして、現場で再度、挨拶の基本をやり直していくと、元のようにお客様から笑顔で反応していただけるようになるのです。

自分がちゃんとできているかどうかは、お客様が教えてくれる。

このことに、やっと気づくようになっていきます。

私達の挨拶の出来、不出来は、
お客様の反応がバロメーターなのです。
お客様に**伝わらなければ意味が無い**。
伝わっていないのに同じことを繰り返しても悪循環に入るだけ。
うまくいかないのであれば、伝わっていないことに気づいたのであれば、
やり方を変えること。
これは、何事にもいえることではないかと思います。

働くということは

新人は、先輩スタッフが何かと面倒をみていました。ある時、先輩スタッフが新人に向けてこんなことを言っているのを耳にしました。

「俺は、この仕事をバイトと呼んだことが無い。いつも仕事と言ってきた」

これは、「俺達は、仕事としてちゃんとやっているんだ。バイト感覚でするなよ」と教えているのだと、頼もしく聞いていました。このように高い意識で仕事に携わってくれているのは嬉しく、また、彼らのモチベーションが大きなエネルギーの源になっていたのだと思います。

でも、本当はバイトと仕事の違いは無いと思います。学生の皆さんが、勝手にバイトと仕事の重みを区分けしているように思うのです。バイトは気楽なもの、仕事はちゃんとしなくてはいけないもの、というように。

違いますよね。**働いてお金をもらうということには変わりはありません。お金をもらうかぎりは、みな同じなのです。**

なかには困った人もいました。ヘップボーイは学生なので、シフトは自己申請という方法を取っていました。希望の日を優先するというものです。

「学校の授業、試験、就職活動に関しては、優先してもらって結構です。そのかわり、それ以外は仕事を優先してください。また、自分で申請したシフトには責任をもってほしい」

と、伝えていたのですが、遅刻、無断欠勤はもとより、遊びに行きたいからシフト変更してほしいとか、相談もなく1ヵ月もシフトに入らず、海外旅行に行ったりとか……。

「働きたい時だけ働ける、そんな都合の良い仕事じゃない！」

と叱っていました。一人前に働いてくれるようになるまで、会社としてお金と時間を投資しています。慣れるまでは、他のスタッフにも負担がかかります。休んでいる時は、他のスタッフがフォローしてくれているわけです。そういうチームワークの中で自分が働いているということの自覚を促すように、話し続けました。**みんなでカバーしあって一つの組織が成り立っていること**を、ガミガミと注意してきました。ここは絶対に譲れないからです。

「みんなが、好きな時に好きなように休んでいたら、この現場で誰が働くの？　反対にあなたが、働きたいと思った時にはもう、ここはなくなってるよ！」

とにかく、いっぱい、いっぱい言い続けてきました。

12月から1月は繁忙期なのと個人のイベントごとが多いので、いつもシフトは一苦労でした。その時期のシフト申請時でした。クリスマスの2日間全てに×をして黙って出した人がいたのです。

「ちょっといいかしら、ここの2日間全て出てほしいとは言わないけど、どこかに○をつけてもらえない？」

「あぁ〜でも……」

「まだみんなのシフトが出ていないからわからないけどね。これでは困るの。最近、学校の都合で、急な欠勤多いよね。でもそれは黙って認めてるよね。でも、その穴埋めは他の人がしてくれてるのよ」

「はい」

「もし、あなたがケーキ屋さんだとしてよ。あなたの店のアルバイトの人全員が、黙ってクリスマス全て×つけてシフト出したらどうする？」

「あっ、それは困ります」

ハタと気づいたような驚いた顔の彼。

「うちも一緒なのよ。まずは、どこかに○して。みんなにもそうお願いしてるから」

「はい、わかりました」

その後、彼は24日の全ての欄に○をして出してくれました。

私は、このように何かを伝える時に、ダイレクトな言葉で理解できていないと感じたら「立場」を置き換えて話していました。**立場を変えて見て、考えることができるようになれば、自分の世界は広がります。**

そのうちに、自然とスタッフの方から、「この日、入る人いますか？」「クリスマス、皆のシフトどうなってます？」と気遣ってくれる人が増え、いつの間にかみんなでカバーするという意識を持ってくれるようになりました。組織の一員としての自覚が芽生えてくれたのでしょう。より、この仕事へ意識も高まっていったように思いました。

笑顔挨拶に効果あり

ヘップボーイとしてデビューして2、3カ月たった頃、スタッフに必ず質問することがありました。

「仕事に慣れてきた？　この仕事をするようになって、**何か自分が変わったと気づくことはないですか？**」

また質問ぜめです。が、**自分を振り返るきっかけ**を作るという大切な目的がありました。あるスタッフが、

「この仕事をする前と比べて体調が良くなりました。きっとそれは、毎日気分がいいからではないかと思います」

と、分析していました。そんな話をしていると、別のスタッフが、

「きっと笑顔でいることが、精神的にいいんだと思う」

と同調してきました。癌の治療の一つとして、「笑う」ことが良いといわれているように、笑顔でいることが、精神的にプラスとなり、体調も良くなったのでしょう。

「仕事をしながら、自分にいいことがあるなんて得やね。もっと笑顔挨拶を頑張ればもっと元気になるよ」と、みんなで笑い合ったのでした。

お客様に対して、笑顔挨拶を続けることで、身の回りにも変化が起こっているようでした。

「ヘップボーイとして働き始めてから、日常生活が格段に充実してきました」

「友達が増えました」

「いろんな人から声をかけてもらえるようになりました」

「友達との人間関係が良くなりました」

「学校で、スピーチの代表に選ばれたり、今までなかったラッキーなことが増えました」

と、みんなが嬉しそうに語ってくれました。

たくさんのお客様に笑顔で挨拶をする目的の一つとして、「声をかけやすい存在」であることをアピールするというものがあったのですが、それが自然に備わった時に、人との関わり方が変わっていったのではないかと思います。

「友達に変わったと言われるけど」

と、戸惑いながらも、その自分に良い感触を得ているようでした。

自分が変わることで、周りが変わったということなのでしょうね。

「僕は、自分から友人を飲みに誘うようになりました。今までは、誘われるのを待っていました。一緒に時間を過ごしたいから誘う、そんな単純なことができなかったんです。ヘップボーイになって、十年来の友人との距離が縮まりました」

笑顔挨拶は、みずからたくさんのお客様に心を開いて積極的に関わり、挨拶をしていくのがポイントです。彼は、プライベートでも、みずからものごとに積極的に関わることが、スムーズにできるようになったんだと思います。

自分自身から発信するものは、周りに影響を与え、そして、自分にも返ってくるのです。

「なおさら楽しい気持ちを発信しなくては！」

PRのためにテレビ出演

当初、ヘップボーイを世間に認知してもらうために、いろんな手段を講じていました。「おもてなし」と名づけて、決まった時間にスタッフ全員が整列をして、お客様をお迎えする演出をしたり、「トリプルウォーキング」と名づけて、3人で縦に並んで館内を挨拶しながら、ウォーキングしたりと、目立つことばかり考えてチャレンジしていました。私が一人で考えるのではなく、スタッフ達もそれぞれアイデアを出していました。

最も目立つ方法、ということで「テレビに出よう！」と、スタッフ自身がテレビ局に問い合わせ、フジテレビの昼の番組「笑っていいとも！」のコーナー、「看板男コレクション」にチャレンジすることになりました。

ただ、新宿アルタでの、生放送の本番前に開催されるオーディションに受からないと、出演できないのです。まだ出演が決まったわけではないのに、その話しを聞いた「ＨＥＰファイブ」の管理会社の常務から、観客の皆さんへのお土産として、「ＨＥＰファイブ」のグッズを段ボール３箱、出演者の皆さんへのお土産として、観覧車の無料チケット20枚をいただきました。

こんな大きなことになったからには、出演が叶わなかったら、大阪に帰れません。かなりのプレッシャーを感じて、スタッフ４人と共に東京へ向かいました。

その夜、新宿のビジネスホテルで、夜中まで作戦会議と練習をしました。とにかく印象に残らないといけない、最初に出て行った時の挨拶でどう目立つか……。狭いホテルの部屋で、立ち位置を決め、あれこれ意見を出し合います。とりあえず練習です。

アンドリューがいつも朝礼でやっている英語のかけ声で、

「こんにちは！　ヘップボーイズ！……fun today!　イエ～ス！大阪梅田の『ＨＥＰファイブ』から来ました動くインフォメーションのヘップボーイです！」

「それからどうする？」

「何を聞かれるんやろう」

「君達は何？　どんな仕事？　とか、ちがう？」

「その後、『いい男代表』として、一人で登場する時はどういう風に出る？」

「やっぱり、僕らの挨拶、『笑顔挨拶サービス』やろう」

「こんにちは！　どうぞごゆっくりお楽しみください！　を言いながら登場したらどうや」

「あがってても、毎日口にしている、この言葉ならきちんと言えるはずやし」

「その後『何これ』って聞かれたら？」

「これは、僕達の笑顔挨拶サービスなんです！　ってどう？」

「下手なことしゃべって滑るより、困ったら、全部『こんにちは』って言って、ごまかすのってどう？」

「何言われても『こんにちは』って繰り返そうか」

不安と緊張の中、真夜中に「こんにちは！　こんにちは〜こんにちは！」と練習を続けたのでした。

さて当日、本番前のオーディションに合格し、1番最初に登場することができ、そこそこ笑いも取れて満足な出来でした。

「『こんにちは』って、結局何回いうたかな？」

「いっぱい、いうたで」

ヘップボーイの挨拶がこんなに受けるなんて……ちょっと自信にもなりました。

出演する山田花子さんにプレゼントを手渡せたし、観客の皆さんへのお土産も貰ってもらえたし、「これで大阪に帰れる」と、安堵したのです。

大阪に戻ってから、「テレビ見たで」と、たくさんのお客様に声をかけていただきました。東北や九州から来られた方からも声をかけていただき、思っていた以上にテレビ出演の効果が大きく、とても良い思い出になっています。

テレビに出ようと、自分からテレビ局にアタックしたスタッフ、演出に工夫したスタッフ、ここでも彼らが自主的に動き、アイデアを出してくれたことが、大きな成果をもたらしました。自分から参画する意識の高さが、現場から生まれてきたことに喜びを感じます。

FIVE
9
8
7
6
5
4

GAP
GAP
WELCOME

第6章

ヘップボーイが人から学んだこと

期待に応えることの喜びを学んだ

接客業で学ぶことは多いとよく言われています。それは、人と関わる中で鍛えられるからだと思います。のべ164人に渡るヘップボーイを教育し、その成長していくさまを間近に見ていた私は、彼らが抱えていた様々な悩みと、その克服にいたるステップが他の人にも当てはまるのではないかと気づきました。実際、私も共感することがたくさんありました。

自分のことというのは、人との摩擦、やりとりから生まれる刺激、まさに相手を鏡にして、気づいていくものかもしれません。

ヘップボーイには、基準をお客様に置きながら、常に自分自身をチェックしていくことを課してきました。挨拶一つとっても、お客様の出した信号をキャッチし、**自分へのフィードバックとして受け止める**ようにしていました。この取り組み方は、どのような場面でも役に立つと思うのです。**彼らは「学び方を学んだ」のでした。**

ある卒業生が、私達会社側への寄せ書きに、

「人の期待に応えることの喜びを学んだ」

と、書いてくれました。20歳前後の彼らを、私達は、まだほんの子どもだという感覚

で指導してきました。いつのまにか成長して、私達の想像以上にお客様や周りのことを考えて、この仕事に喜びを見い出してくれていたことに大感激です。

実際、大人が勝手に思い込んでいるだけで、彼らの本質はしっかりしていたのかもしれません。


アルバイトを雇い入れる側の、とある方が、

「あなたのところは、いい人が多い。レベルが高いな。うちは全然ダメだ。最近の学生アルバイトはいい子がおらんからなぁ」

とおっしゃいました。

「雇う側がそう言ってしまったら、終わりじゃないですか」

と私は心の中でつぶやいたのです。

その方は、学生アルバイトには最初から「期待していない」ということなのでしょう。期待されていない人はどんな気持ちで働くのでしょうか？

私は、スタッフ達に、**望みとも言える「期待」**をしていました。お金をいただいている仕事である以上、お客様に対してきちんと接することができるように、雇う側が何とかしないといけないのです。だからこそ、心を鬼にして厳しくしたのです。**若者のせいにしないで、若者を育てることが、雇う側の使命**だと思います。

私は、「学生アルバイトだってちゃんとできるんだ！」というところを、ヘップボーイを通してわかってもらいたいと強く思いました。

たしかに採用に当たっては、厳しい審査を行いました。無理だと思う人は辞めていただきました。貴重な時間をヘップボーイとして働いてもらうのですから、合わない人には別の道に進んでもらったほうがいいと考えていたからです。結果として、皆とても良い仕事をしてくれました。充分、期待に応えてくれたのでした。

全員アルバイトでしたが、「社員さんがやっていると思っていた」という言葉をよくいただきました。インフォメーションという職業柄、そのように思われるのかもしれませんが、仕事ぶりを評価された証だとも思います。スタッフ達は、そう思われることを喜んでいました。彼らとしても、胸の張れる瞬間でもあり、励みになっていたのだと思います。

期待するということは、「この人ならきっとやってくれる」と相手を信じることです。突き詰めると、「この人に来てもらおう」と思った自分自身をどれだけ信じているかということにもなってきます。**期待することで始まる人間関係があり、そこから様々なものが新しく生まれ、また築かれていくように思います。**

思うがあまりの大きな落胆、逆に大きな喜び、全てをひっくるめて考えても、双方に絆と喜びが生まれると思います。

ヘップボーイから「**期待することの大切さ**」を改めて学びました。

これを接客に置き換えて考えてみると、
お客様に喜んでもらえるように頑張る。

↓喜んでいただいたお客様は、次回は「期待して」来てくださる。

↓その「期待」に応えられるよう、また頑張れる。

どこの会社や職場においても、チームとして、このような関係が築けることが、目標なのかもしれません。

先輩として、後輩として

この10年間、毎年ヘップボーイ全員で忘年会を行っていました。卒業し、社会人になった先輩も顔を出し、この仕事に関わった人達が一堂に介する賑やかな集まりです。その席で新人は必ず「一言スピーチ」を行い、人前で話す練習をかねて自己紹介を行います。合間にも宴会は多々あり、リラックスしたムードの中で、先輩と後輩が打ち解けていくいい機会となりました。普段の仕事で、先輩が後輩の面倒を見ることになっており、指導も任せていたため、打ち解けるほどに、仕事もうまく回っていったと思います。

ある年の忘年会の準備中に、常に幹事をしていた先輩スタッフが、

「いつまでも僕がやっていると、他の人ができるようにならない。そろそろ育てないといけないので、今回は、君に任せる」

と、後輩に任せました。「全体のことを考えてくれている」と、感心しました。

抜擢されたスタッフは、入って2年目で、後輩もできた頃、勉強するタイミングとしては、ピッタリだったと思います。

私達の忘年会は、年末の最終日の仕事が終わってからバタバタと宴会場に駆けつけ、午後10時くらいからのスタートでした。みんなが息を切らせて到着、まだ落ち着かないうちに忘年会が始まりました。「幹事からご挨拶を……」と、新しい幹事が立ち上がったのを見て、私は「えっ」と目を疑ったのでした。彼は、上座に立って、笑顔で挨拶をし、満面の笑みでグラスを高だかと上げて、乾杯の音頭までとりだしたのです。

大先輩は？　社長は？　どうするのん？

思わず社長を見ると、目を細めながらも、眉間にシワが……。

「誰か、ちゃんと教えとけ！」

という、心の声が聞こえたようでした。

教えることをすっかり忘れていた先輩もまだまだでした。

これをきっかけに彼らは、上座下座という、**宴会の基礎マナーをも学ぶ**ようになっていったのです。

草食系男子の就活

世間でいわれる「草食系男子が増えている」ということは、私達も、この10年間で実感しています。オープニングスタッフは、「特攻隊」としてのキャラクターを重視しました。自然に笑顔の出る人を中心に積極的な人を選んでいました。ヘップボーイの認知が広がった頃からは、自然に笑顔の出るアクティブなイメージの人に絞ると、該当者がいなくなるんです。それより、笑顔が出るようになりそうな、素直に仕事に取り組んでくれそうな人が中心でした。さらに仕事が安定してからはマンネリを避けるために、とにかく一生懸命頑張れる人を採用しました。

結果、後半は「癒し隊」というイメージの青年が中心になりました。特攻隊の先輩が、癒し隊の後輩を引っ張っていき、チームとして、うまく回っていったようです。

ある時、元スタッフが、私に会いにきました。就活に苦戦しているので、「面接のポイントについて教えてほしい」とのことです。彼の性格を知っている私は、あるワークを準備しました。

「あなたが、インフォメーション担当のマネージャーで、私が、インフォメーションスタッフの面接を受けに来た応募者という設定で、私を面接してみて」

「えっ、僕が面接をするんですか?」

「ヘップボーイとして、どんな人に来てほしいかわかるでしょう? それで、気になったところメモして」

用意した面接シートを渡して、面接官をしてもらいました。面接する側になると、目つきや態度まで変わってしまうんですよ。彼は堂々と質問をしてきました。

その結果、私へのダメ出しが山ほどありました。目線がどうとか、堂々とした感じがないとか、質問への答えに具体性に欠けるとか、熱意をもって語っていないとか……。

そして、自分が面接官を体験してみて、「来て欲しいと思える人は?」「どんな姿勢で臨んでいる人がいいのか」が、何となくですがわかったようです。

「よかったら僕、どうでしょうか? 御社に入りたいんですが……」という人、とにかくどこでもいいからたくさん受けて、どこかに受かったらいい、という人は、企業が採用するはずがありません。

結果として、彼は、自分に足りないものは、「**情熱(本気度)**」であるということに気づいたのです。

「情熱ありますか? 本気ですか?」って、聞かれたらどうでしょうか?

内心「えっ……」ってとまどってしまうのではないでしょうか。本気ってどんな感じか実感がわかない人もいるのではないでしょうか。自分で気づかなくても他者には伝わってしまうのです。「うちの会社に本気だな」と相手に感じてもらうためには、やっぱり本気でアタックするしかないでしょう。

私は、彼に対して、最後に課題を出していました。

それは、「**決断すること**」でした。

「人ってその時はそうだなと思っても、実行に移せないことがほとんど。でも、人生の大切な決断の時、お尻に火がついてる状態だから、今日、自分がやらないといけないと思ったことを『絶対やるという決断』にしなさい。そのために、決断式をしなさい。お父さんや仲の良い友達にその決意を聞いてもらいなさい。言った限りは、その通りにしないと恥ずかしいよね」と。

その日の夜、決断式が終わったと報告メールをくれました。

「もはややるしかない！」と。

そうは言っても、彼はさらに面接の失敗を繰り返したのでした。

ある面接で、担当者に「うちは、草食系男子は要らない、肉食系男子じゃないとね」と言われていたようでした。

ただ、彼自身が、何故自分が面接で失敗をしているのかをすでに理解していました。「決断の中に迷いがあるのを見抜かれた結果でした」とその時のことを語っています。

そして、のちに、心からここで一生働きたい！と思えた会社に本気で挑んで、見事内定をとったのでした。これは、本気になってその会社にラブコールを送ることができるかどうかです。本気になれば、自ずとその会社を深く知ろうとするし、自分から質問もしたくなるでしょう。

彼が、受かった会社の面接の前に送ってくれたメールに「**揺るがぬ本当の決意**があります。この志で再度、今回の選考に臨みます。内定を取ります！」とありました。

私は、このメールに、いつにない力強さ、情熱を感じました。

「今回は内定をとるかもしれない」と、そんな気がしたのでした。

「あのメールを送った後からは、トントンといきました」と、彼が報告をくれました。

長い長い就職活動を頑張った彼は、本当に偉い！

彼は一見、草食系男子かもしれませんが、本人の中から出る情熱は、違うものだったと思います。きっと人事の方もその情熱を持っている人を肉食系男子とおっしゃったのでしょう。

エントリーを1～2社に絞り、就職に成功した人が、「志望動機をちゃんと書ける会社には応募したけど、つまって書けない会社は受けなかった」と言っています。

これから、就活をする草食系男子？の皆さん

「**本気のラブコール**」ですよ！

第7章

寺子屋「中村道場」

ヘップボーイの教育は、私だけが担当していたのではありません。弊社の社長、中村が、しっかり精神面で彼らを鍛えていました。昭和14年生まれの中村ですが、「わしには、明治の血が流れている」と豪語します。ご両親が明治生まれなので「明治の教育を受けてきた」ということなのですが、そのご両親は、江戸時代の教育を受けて育った方、古めかしいと言えばその通りなのですが、その重みを私はしっかりと受け止めています。昭和の後半から平成生まれという、孫くらいの年頃のスタッフに、中村は真剣に「**昔からの一般的な道徳心**」を説いていました。

会社の組織と契約

会社には、縦のラインと横のラインがあります。管理職の役割と責任について知ることとは、やがて就職した時にも役に立つと同時に、今現在も組織の一員として働いているのだから、スタッフとしての自分の位置付けや上司の役割を理解して、全体を見渡せる力を身につけるべきだということでしょう。

ヘップボーイにも、「リーダー」という役職があり、その時間帯のクルーのまとめ役、責任者としての役割を担っていました。

あるイベントが行われる当日の朝のことでした。管理会社から、私達の出勤時間は通常通りという指示になっていましたが、リーダーであるスタッフが当日のメンバーに連絡をして、私達に無断で早出をしたのです。社長と私が早めに現場に入ったら、既にユニフォームに着替えたスタッフ３人が館内を歩いているではありませんか……。中村が、「事務所に戻りなさい」と一喝しました。

事務所で彼らに理由を聞くと、

「僕らが、お客様をちゃんと案内しなくちゃいけないと思ったから」

ということでした。

その時、中村の雷が落ちました。激情に押され、赤い顔をしながら、言葉を選んでいる様子が伺えました。

「うん。君達の気持ちは、ありがとう。ありがとう。だけど、それは違う」

と始まったのです。

管理会社と我が社の間で契約している内容に対し、自分達が、契約してる時間外に勝手に働くということは、どういうことなのか。特に大きな商業施設では、管理会社の中でも綿密に役割分担が決まっており、自分の範疇外《はんちゅうがい》のことを安易に決めることはできません。一つが変わることで、全体の歯車が狂ってしまうことさえあるからです。安全面を言えば、もし危険なことがあっても、契約外なので何の保障もできません。もちろん、時給も出ません。

そして、会社として契約外の無償の行為は成り立つものではないのです。

中村自身も、彼らの仕事に対する気持ちを、心から嬉しく思っていたはずです。それでも、「契約に基づくことの重要さ」を懇々と説明していました。

今回の件は、たとえリーダーが早出をするべきだと思ったとしても、リーダー独自の判断で動いていいものではありません。リーダーは、マネージャーである私か、あるいは中村に相談をしなくてはいけなかったのです。どんな仕事でも組織で動く時には、**報告・連絡・相談**が基本です。この経験で、彼らは縦と横の関係をしっかり認識したと思います。

世の中（社会）について

事務所には、常にファッション系と流通系の業界紙二誌を閲覧用として置いていました。興味を持ったスタッフが手に取ると、社会人の基本として、新聞の読み方のレクチャーが始まるのです。

「一般の新聞は、右開きからか左開きから、どっちから読む？」

と質問しながら、

「わしは、必ず右から。的場マネージャーは、左のテレビ欄だけやけどな」

と、いつも余計な前置きから入って、

「どっちからでもいいけど、やっぱり、一面から読む方が、世の中で今何が起きて、何に一番注目されているかがわかる。政治経済のトップ記事を見れば……」

と、続きます。

「新聞記事はな、取材した側、された側のどっちの目線で書かれているか、考えながら読むとおもしろい」

とも教えていました。これは、**ものの見方として、一方だけを見て考えるのでなく、両面から見て考えること**が、何事においても大切であるということでしょう。

また、記事を読んで、読むだけなく、**自分だったら……という自分なりの意見を常に持つことの重要性**をいつも最後に付け加えていました。

将来や就職活動について

ヘップボーイの中には、進路で悩む人も多かったのです。たとえば、学部は理系ですが、将来を考えて、「弁理士」「税理士」「公認会計士」といった「士業」を目指す人達もいました。そういった職業の現在の位置づけから、これからの世の中の流れがどうなっていくのか、「士」を取った後、どのように活かしていくのがいいのか等を分析して相談に乗っていたようでした。例えば、一つの資格（士）を取ったとしても、一つの事業として成り立つ時代でなく、これからはそれに関連した内容の知識をまず身につけることの重要性をアドバイスしていました。そしてスタッフが質問したことに関係する新聞記事は、必ず切り抜きをして、各自に渡していました。そして、やはり、

「**新聞は読め！**」と付け加えていました。

これは、社会人になるための助走期間として時流をいち早く身につけるよい訓練なのです。

内定はもらったものの……

無事内定をもらって、半年以上経ってから、気がつけば、わずかな単位不足で卒業ができず大騒ぎになったことがあります。中には卒業証明書をもらいに行って気づいたという前代未聞のものまでいました。そんなギリギリ状態のスタッフの相談を、中村が目を三角にして受けていました。

内定した会社から、学卒で内定を出したが、卒業できないのであれば、高卒でどうかという打診をもらったスタッフに対して、中村は、「絶対ダメ！」と言い放っていました。

「そんなんで、入社したら、一生どうすんねん！　何のために大学に行ったんや！絶対アカン！」と。

そして、次に出た条件は、まずは会社に入って働きながら、学校の単位も取って次の年から大卒でどうかということでした。

その会社としては、欲しい人材として好条件を出したつもりだったと思われますが、中村は反対しました。これは、高卒で入社し、途中から大卒になるというのは一見いいように思われるが、全く条件が違うことが多いからなのです。会社の規約に無いもの、人事担当者の口頭の確約では本人がリスクを負うことがあり得るので反対していたようでした。彼らでは、なかなかそこまで、判断しづらいものだと思います。そんな時、色んな面を想定し、強く判断をくだしてくれる存在は心強かったことでしょう。

そして中村は、結果的に留年を勧め、一からの就活を促したのでした。

「やりなおせ！」ってことです。

また、内定をもらった会社で、１年間アルバイトとして採用してもらい、翌年に大卒で採用してもらった人もいましたね。

数年後、飲み会に出席したその彼らは、伸び伸びと自信にあふれた立派な会社人間になり、近況報告を受けながら中村は安心したようでした。

実は、ヘップボーイが終了した現在も、「寺小屋」は続いているのです。

ここに中村自身が説き続けている、中村道場を復活させてみました。

中村道場「挨拶について」

元々、挨拶の「挨」も「拶」も押し合うという意味があり、禅家の言葉なのです。室町期に禅僧と共に入ってきた言葉で、師弟間の問答を指し示したものですが、一般の応答の意味としても使われるようになり、現代の挨拶の意味となったのです。そして、今では、人と会った時や別れる時などに敬意、あるいは親愛の気持ちを示す言葉や動作として使われてます。

本来、社会的動物である人間にとって挨拶は欠くことのできないものであり、人と人とが、出会った時の行動様式です。又、社会関係を示すものでもあるので、習慣的なものとして、その社会の文化を表わしているといえます。

出会いの際の反応には、攻撃・防御・無視の3種があります。挨拶は、防御の側面が大きく、相手に対して害を与えませんということを示してお互いの不安と警戒を和らげるのが目的となっています。出会った時に、両者の関係を確認し合い、別れる時にはこの関係をこの後も継続させるという意味で挨拶するのです。

商業主義の産物語的挨拶として「いらっしゃいませ」というのがあります。

少し昔、大人の会話で「あらっしゃる」という敬語があったのは、「あらせられる」の変化したものですが、現在では、「いらっしゃる」に変わっています。

ここでいう「いらっしゃいませ」の「ませ」は敬語の中の丁寧語です。ただ日頃、耳に残る「いらっしゃいませ」は、やはり商業主義的な一方的な挨拶となっているのではないかと思うのです。

ヘップボーイの挨拶は、「こんにちは」という、いたって日常的な挨拶で、挨拶されたお客様側としても抵抗なく、無意識に挨拶を返しておられたようでした。

皆さんは、山歩きやハイキング、または田舎の小さな村等で見知らぬ人から「こんにちは」と声をかけられ、戸惑いながらも温かい気持ちで「こんにちは」と返した経験はないでしょうか？

想像する以上に、挨拶を返すということは、とても気持ちの良いものなのです。心が本来の機能を取り戻す、このようなやりとりこそ、良いコミュニケーションのきっかけ作りとなっているのではないでしょうか。

また、大阪人の特性として、愛想がいい、サービス精神旺盛だと、よくいわれます。確かにテレビの街頭インタビュー等を見ていると、大阪人は他の地域の人よりも愛想よくユーモアを交えて答えています。これは、大阪人独特の目立ちたがりという面も否めないところではあるように思います。

大阪は、「大坂」と記されていた信長、秀吉の時代からの大都会であり、人の行き来も多く人間関係も複雑でした。当然、挨拶言葉も発達したのではないかと思います。江戸時代には、天下の富を集める商人の町でしたから、人との応対や座持ちを大切にして、細かく神経を行き届かせていたのでしょう。

このような大阪の歴史が、大阪人のサービス精神が、人あたりの良さを培ってきたとも言えます。

ヘップボーイの元気で明るい「笑顔挨拶サービス」は、そんな大阪人らしさを感じさせるものがあったように思います。

「こんにちは」という挨拶は、本来「今日は」のあとに「よい天気ですね」といったような話題を付け加えて、挨拶語として使われているのが一般的です。

ヘップボーイは、朝昼晩と時間に関係なく、「こんにちは」と挨拶していました。これも「こんにちは、ごきげんいかがですか？　ごゆっくりお楽しみください」を前記同様「こんにちは」で下略した形式といえます。

世界中の言語で挨拶言葉が多いのは、日本語と朝鮮語だけらしいです。その理由の一つには、日本を取り巻く自然の変化、四季折々の変化があり、私達の祖先はそれを言葉で表そうとしたからです。また、自然と人間との調和を、心情を交えて表現しており、その繊細さが日本人の特性ともいえるように思われます。

中村道場「おもてなしの心」について

安土桃山時代に始まった「茶道の心」、千利休の四規七則の教えによると、お客様を茶室に迎える前に、お客様に合わせた準備（庭の掃除、茶器、掛け軸、季節の自然の花、お菓子等）を行い、その上で微妙な湯加減を守り、美味しいお茶をたてて、お出ししました。もてなす側も、このようにお客様に喜んでいただくための「しかけ」を楽しんだのです。

さらに、迎える側の心がけとして、時間には余裕を持つ、夏は涼感を出すために庭や飛び石に水を打つ、天気であっても雨の用意をするなどして、何事にも適応できるようにした。そして、最後に「相手に対しては、思いやりを持って優しく接することの必要性」を教えています。

この教えが、各時代の統治者や武家（男衆）の武士道と茶道の基準となってその「道」が伝えられました。この多くが、現代も「日本の心」として世界に発信されています。

外国人からみた日本人像は、「勤勉、精進が特質」「実直さ、忍耐強さ」「道徳心、礼節を重んじる」「謙虚、譲り合う精神」等々だそうです。一昔前の日本人では？ という気がしないでもないですが……。

米国の旅行社が欧米のホテルでの、外国人の旅行者のマナーについて調査をした結果、「マナーが良い外国人」で日本人が2年連続(07、08)トップでした。世界一、マナーが良いという印象を与えていることになります。

(対外的には〝いい顔〟をしていた日本人なのでしょうか)

また、反対に世界の旅行者が、各国を観光して、一番気持ち良く迎え入れてくれた国について、スイスのシンクタンク世界経済フォーラム観光競争ランキング(09)の調査結果は、133ヵ国の中で、

1位　スイス

2位　オーストラリア

3位　ドイツ

我々の日本は25位でした。

良いゲストであるはずの日本人は、迎えるホスト側としては、先進国中では、最低のレベルと評価を受けたのです。残念なことです。単に、日本人が外国語対応に弱いという一面が出ているのではなかろうかと考えたりもするのですが。「おもてなし文化」はいったいどこに行ったのでしょうか。

産経新聞2009年4月2日の『キャンパス交差点』欄におもしろいものを見つけました。

桃山学院大学　国際センター事務室課長、竹島亮輔氏が「大阪に来て驚いたフランス

人留学生について」書かれたものでした。

「自分が何度も道に迷った時、『頼んでもいない』のに、日本人（大阪）は道を教えてくれる。また、現地まで連れて行ってくれる。それは、全く外国語が出来なくても。身振り手振りで必死に教えてくれる。フランスではありえない!! と。この優しさに驚く。続いて、東京に行った観光旅行で、『親切すぎる』対応は全くなかった。大阪特有の『おせっかい』とわかった」さらに、

「『大阪人のおせっかい』は、悠々の歴史の中で、私達は先祖が培ってきた商都『大阪独特』のコミュニケーションモデルでは。相手を思いやる浪速文化だ」

と述べている。

この記事を見る限り、外国語対応が弱いからおもてなしができないというのは、大阪では合致しないように思われます。「おもてなし文化は何処へやら」という嘆きは、ここ大阪では、外国人が驚くほどの「おせっかいに近いほどの優しさ」という浪速文化が残っていることに少々安堵感を感じます。

中村道場「縁と商人の本質」

「袖振り合うも他生（多生）の縁」とは、着物を装う中で、道で着物の袖が振れ合った

見知らぬ人との縁を大切にするという日本独特の礼や言い回しとして、江戸時代から使われてきました。この「他生・多生の」縁とは、「人と人とのつづきあい」とも言われており、前世よりつながっている、結ばれている縁だと解釈されています。私の人生を振り返ってみると、良き出会いに恵まれ、縁がつながって、この仕事人生を送ってきました。縁をつなぐきっかけは誰にでもあるものですので、是非、今起こっている事柄を一つひとつ大事に生きたいものです。そして、チャンスも平等にやってきます。今、目の前にあるものがチャンスかもしれないと、全力で取り組むことが大切だと思います。

さて、現代でも通用する、いにしえから伝わる商いの原点を紹介しましょう。これは、「CS（Customer Satisfaction：顧客満足）の真髄をついているものだと思います。

盛岡で、350年以上続く萬《よろず》小間物店「木津屋本店」（文具事務用品扱い）に伝わる心得について記されたものをご紹介しましょう、

西暦1638年・寛永15年、創業初代藤兵衛の祖父は織田信長の「十九勇」の一人で、池野浪之助でした。その三代目池野藤兵衛著に、

「商人は第一実義にて偽餝《いつわりかざり》なく人に愛敬ありて、心高ぶらず、身を低く持て、物争わず、驕《おご》りをなさず、少々のひまもなく、無駄にせず、商売筋に心を用い申しべき事」と記されています。

今風にいえば、

「接客は感謝の気持ちでにこやかにせよ」

ということになります。これは確かに、CSの原点です。

同、「中興の祖」には、五代目藤兵衛祐寿の経営理念「見世《みせ》方心得《かた》」（短歌形式で売り子にわかりやすく覚えやすく示すもの）があります。

「物買は福の神じゃと思うべし、よそへやらずに、売りてやるべし」とあり、お客様は福の神なのだから、どんなお客様も他の店へ行かせないように、自分の店で買い物をさせなさいということを説いています。

「見世店、きれい賑わい、餝たて、売りはずさぬ、肝要とせよ」

は、店は美しく賑やかに飾って客の目を楽しませ、購買意欲をかきたてよというものです。また、具体的に、

「店頭に入りにくそうにしている客に対し、『何をおさがしでしょうか』と事を尋ねて商いをせよ」との配慮もされています。そして、

「商人は愛敬なくては、見世淋しくなりゆくものなり、挨拶あしらい実義にすべきことなり」

という教えにつながります。これは現代の「CS」のためのサービスと全く同じものではないかと考えます。先人に学ぶ、歴史を知るということは有意義なことです。

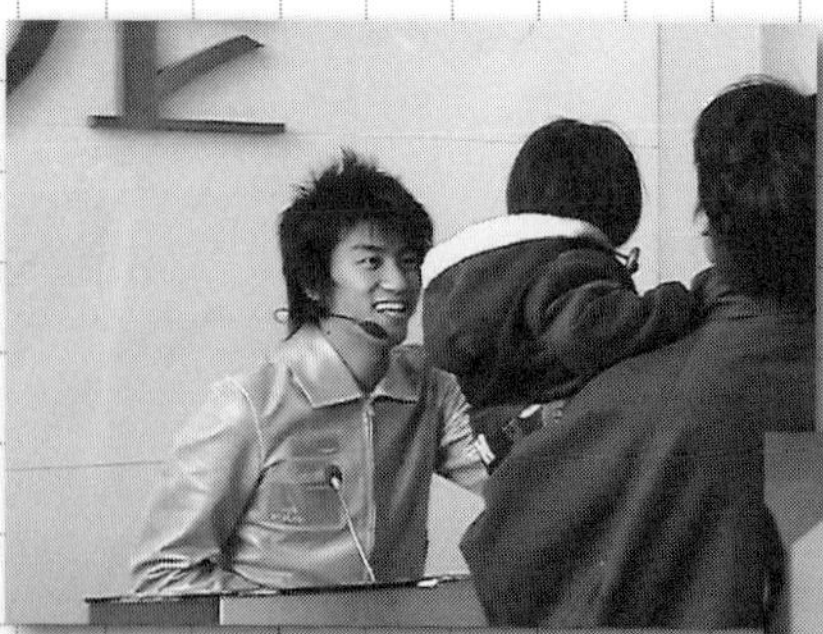

6
5
4

BEAMS BOY
OZOC
ANDERSEN
LIPSTAR
CHOUEETTE
RAW EDGE
NEW STAR

第8章

商業施設の案内係、「その大切さ」について

過去、大型ショッピングセンター（SC）のインフォメーションは、百貨店と同じように、ほとんどの場所に存在しました。しかし、１９９０年のバブル崩壊後、売上低迷に伴い、経営の合理化の一環として、半数近くまで減っていったのでした。ただし、その後に出来た新大型SCには、顧客満足を主に考えた、様々な新しいタイプのインフォメーションが取り入れられています。（現在、日本国内のSCは約３０００）私は10年間、この業務に携わり、お客様のニーズと照らし合わせながら、インフォメーションのあるべき姿について探求を続けてきました。

そこで、感じたことは、「**可能性**」でした。

インフォメーションのあり方については、デベロッパーとして様々な捉え方があるかと思います。また、顧客満足というのは、ひとことでくくれるものではありません。SCの顔として、お客様とどのように関わっていくのか、**その方向性で「できること」が違ってきます**。**それによって、お客様との「新たな関係」が生まれてきます**。ヘップボーイは、お客様一人ひとりと個別に対応することで、良い関係を築くことができました。

彼らの日報を見ると、お客様とどれだけコミュニケーションをとってきたのかを、再確認することができます。

「観光で来られたお客様が……」とだけ記されるのではなく、

「広島から来られたお客様が」とか「甲子園で野球を観戦するために和歌山から」「東

京からお友達と」等、「どこからお越しになったのか、どんな目的で誰と来られているのか」が記されていたのです。

お客様とよく会話しないとわからないことであり、お客様と心が通っていなければ聞きだせないことです。**彼らが、形式的な対応で終わらず、深く会話をしてきた**ということが、よくわかります。

こういったお客様との会話ができていたからこそ、よりニーズに沿った喜んでいただける様々なご案内や情報をお伝えすることができたのだと思います。

インフォメーションは、**「新しい可能性を生む」ことができる業務**だと思います。

お客様の立場から見るインフォメーションの問題点とは、どのようなものでしょうか

1.古いタイプのSC（現状維持型）

・インフォメーションは無く、パンフレットやチラシが片隅の棚（ラック）に入っているだけになっていませんか？　その存在自体がよくわからないということは無いですか？（取ってもらうために置いていない）

・最新の情報がわかりやすくなっていますか？（テナントの店舗の入れ替えや商品の最

新情報等）
・初めての来店者を大事にしようとする努力をされていますか？　お客様をがっかりさせるわかりにくい案内となっていませんか？

2. 中心都市の広範囲集客型高級志向SC
・カウンターに座っているだけの案内係になっていませんか？　お客様に視線を向けていますか？　下を向いていたり、スタッフ同士で喋っていたりしていませんか？
・あらゆる相談を受ける体制がとられていますか？
（商品単品のお問い合わせや修理等、また近隣情報についてのお問い合わせも）
・外国語対応について検討されていますか？（また免税対応等は？）
・形式的な（マニュアル通りの）案内にとどまっていませんか？

3. 郊外型大型SC
・お客様のショートタイムショッピング（短時間快適買い物）を考慮した案内ができていますか？
※このタイプのSCは、大きな核店舗があり、その商品別部門フロアやまた、多くの専門店の取り扱い商品の店舗を把握し、お客様からの商品問い合わせに応えられることがニーズとしてあり、もっとも重要なこととなります。

そして、関連したこととして、駐車場のご案内を必要とされた時に目的の場所により近い位置をご案内できることも大切です。

・買い物だけでなく楽しい時間を過ごしてもらえるためのご案内の工夫ができていますか？

※館内におけるイベントやアミューズメントを熟知（所要時間や価格等）し、家族連れや、グループで来店されたお客様に対してご提案することで、新たなきっかけづくりとなります。このタイプのSCには「過ごす楽しみ」を求めて来られるお客様も多いのです。数ある商業施設の中で、その施設にわざわざ来店されたお客様は、少なからず期待を持っておられます。そこで快適に過ごしていただければ、リピーターとしてご利用の機会が増えるわけです。その期待に応える第一歩が、入り口でお迎えし、お帰りをお見送りするインフォメーションです。お客様とのより良いコミュニケーションによって、再来店をうながし、固定ファンを育てることができます。

機械では対応できない、あたたかいおもてなしができるインフォメーション、その業務を今一度デベロッパーとして、直接見直されてはいかがでしょうか。

「**プラスの可能性**」**を生む**、インフォメーション作りをお勧めいたします。

（私どもでは、見直しのお手伝いとして、インフォメーション診断を行っております。デベロッパーの皆様に、この診断をご提案申し上げたいと思います。どうぞお気軽にご

相談ください）

笑顔挨拶サービスは世界共通

「ほら、よく外国でフレンドリーにお客様に声をかけるでしょ。やぁ！こんにちは。今日は楽しんで行ってね。Have a nice day ってね。そんな感じで挨拶してね」

と、笑顔挨拶サービスを説明していた時のことです。

研修中の外国人スタッフが、先輩の外国人スタッフに、

「君の国では、みんなこんなふうに挨拶するの？」

と質問しました。先輩スタッフは笑いながら、

「ううん。僕の国でも無いよ。これは、このＨＥＰだけ」

と、応えていました。

そういえば、私は外国の方が日本よりフレンドリー度が高いと思っていました。いえ、いつからか思い込んでいたのかもしれません。そしてニューヨークでの出来事を参考に、ヘップボーイ構想を練りました。そういえば、オープニングスタッフの外国人スタッフも同じことを言っていました。

「こんなの外国に無いですよ！　まるで自分の家みたいにフレンドリーにお客さんに、

こんにちは～、こんにちは～って挨拶しながらウォーキングするなんて」と。

「このようなスタイルのものは外国でも無いし、ここに来た人は楽しい気分になるからいいと思う。日本でこんな経験ができて良かった」

と言ってくれたスタッフもいました。


「ＨＥＰファイブを自分の家だと思うように。**自分の家に来られたお客様だと思って**お迎えし、挨拶するように」とスタッフには、何度も伝えていました。

中には、自分は「ＨＥＰファイブ」の「管理人」だと思い込んで、細かく仕事していたスタッフもいたぐらいです。

「自分の家」「自分の店」「自分の会社」というふうに、**自分のものというポジションに立つことで、ものの見方・考え方が変わり、愛着も増す**のです。

「このスタイルは、大阪だからいいんでしょうね」

と、東京出身のスタッフが言いました。確かに、大阪人のほうが、こちらの声かけに反応してくださる方が多いかもしれません。が、10年間やってみて、お客様におもてなしの気持ちを込めた挨拶をすることは、地域は関係なく、世界中で共通する大切なことだと思っています。

でも実は、この挨拶をするスタッフのイメージは、たしかにフレンドリーで世話好きな「大阪のおばちゃん」だったのです。

「こんにちは。よう来てくれはったね。どこ行かはんの？　何探してんの？　よかったら、おばちゃんが案内するで、遠慮せんと言うてや」ってね。

このような対応がインフォメーション本来の基本であり、お客様に喜ばれる商売の原点なのです。

「笑顔挨拶」でお客様に変化が起こる

あるショッピングセンターの研修に講師として伺った時に、「笑顔挨拶」の話をさせていただきました。ヘップボーイの仕事ぶりを見て、「お客様に対する『ウエルカム』の姿勢が全体に表れていて、大変感動しました。形だけの接客をされている販売員さんを多く見かけます。接客は『技』だけではなく、『おもてなしの気持ち』だということをヘップボーイから学びました」と、オファーをいただいたのです。

その研修に参加されていた店員さんが、

「うちの店に、毎日来られるおじさんがいるんですが、挨拶しても全然反応がないんです。私達のことを『いないもの』みたいな感じで、視界に入らないのか、存在を全く無視されてる感じなんです」

と自分の店でのことを話されました。

私は、ヘップボーイに口を酸っぱくして言っている「赤ちゃんの笑顔と挨拶」を強く勧めました。

「とにかく、まずやってみてください。絶対にお客様の反応が変わるから！　とにかくやってみて！」と。

一週間後、再度研修でその方に会って、「どうでした？」と内心ワクワクしながら聞いてみました。

「早速、やってみました。そうしたら、そのお客さんがちょっと反応してくれるようになったんですよ！『あぁ』って感じで」

と嬉しそうに教えてくれたのでした。そこで、もう少し質問してみました。

「他に気づいたことない？」

「他のお客さんも今までとなんか違うんですよ。お客さんが店に入られて、こちらが挨拶すると、ぐるっと見て回って、お買い物をされなくても、店を出る時にわざわざ『ありがとう』って言いに来てくださったりするんです」と。

やっぱりお客様の反応は私達、接客する側にとって大切なバロメーターになりますね。

きっとそのお客様はこのお店が好きになって、また来ようと思っておられます。

「入りやすいお店、店の人も感じいいし」

私が、そのお客様だったら、きっとそう思うはずです。

「笑顔挨拶」のすすめ

お客様には挨拶するけど、なんかイマイチ反応が鈍くて、と感じているあなた
挨拶すればするほど、お客様に無視されて気分がへこむあなた
お客様との距離が縮まらず、空気の重さに押しつぶされそうなあなた
アプローチがうまくいかず、ブルーな気分になるあなた
お客様を見かけたら、無意識に反射的に挨拶してしまっているあなた
最近、接客の仕事がしんどくなってきたあなた
苦手だなと感じるお客様をつい見ないふりしてしまうあなた
そんなあなたへ

もし、今の状態からの脱出をお考えであれば、**うまくいかないのであれば、やり方を変えること、これは鉄則**です。

まずは騙されたと思ってこの「笑顔挨拶」をやってみてください。やってみた人だけが、この効果を実感できるのです。

どんな効果かというと、**まずお客様の反応が変わる、今までと違う反応になるのです。**そして良い反応をいただけるようになります。そして、次のコミュニケーションが取り

やすくなり、その次のアプローチがしやすくなります。

アプローチやクロージングが難しいと思っている人は、まずお客様の心のシャッターを開けてもらうことから始めましょう。

なんたって最大の効果は、あなたの気持ちがハッピーになること。

「幸せのサイクル」が始まります。

忘れてはいけないのが、お客様の反応はバロメーターであること。うまくできたかどうか、**常に自己チェックして、そしてチャレンジし続けてください。まず行動を起こすことが、大切**なんです。

「へぇ～そうなんだ。挨拶一つで変わるんだ」と思ってもなかなか実行しない人は結構多い。まして、「本当かなぁ」と思う人はもっとしない。

きっと、たかが挨拶……それより、接客技術のほうが大事と思っている方も多いかもしれません。ただ、両方大事なのです。これは基本ですからね。

まずは、試しにやってみて！

現場ですぐにできることだし、おまけに毎日練習できる。（いつもやっていることだしね）

「**『笑顔挨拶』使ってみて！**

きっとわかるから……あなたの接客（挨拶）あきらめないで……」

この『笑顔挨拶』は何もお客様に対してだけでなく、あらゆる場面で（社内や学校、ご近所等）使えますよ。（前述の第5章にもあるように）

人間関係の基本は挨拶から……ですからね。

あなたの「売り」は何？

さてさて、あなたの「売り」は何？と尋ねられたら、皆さんはどのように答えますか？

商品、お店、会社だけでなく、一個人においても、「売り」ってとっても大事なことだと思いますが、いかがでしょうか？

自分が胸を張って、「私の売り（チャームポイント＝良いと思うところ）はこうなんです」とはっきり言えたら素晴らしいことだと思いませんか？

人は、個性もチャームポイントも色々。

まずは、自分が自分の「売り」をわかって自覚することで、更なる自分磨きにも力が入れやすくなります。

そして、なによりも自分の良いところを認めることで、自分のことがもっと好きになれる、これってとても大切なことだと思いません？

いつのまにか、「ヘップボーイの笑顔ってスゴイよね」というお声をいただくことが多くなり、私達が、より強く「笑顔」を意識し、私達の「売り」として自覚するようになっていったのでした。

ヘップボーイの「売り（チャームポイント）」は『笑顔！』でした。

当り前のことを当り前に

動くインフォメーションを改めて振り返ってみると……

それは、**変わったものでも何でもないことに気づきました**。スタイルこそ目新しいかもしれませんが、お客様をもてなすといったことでは何ひとつ昔から変わっていないのです。動くことでサービスの範囲が広がったのは確かですが、本来こうあるべきだし、「おもてなし」として当り前のことかもしれません。

ご来館されたお客様を笑顔でお迎えし、館内で楽しく過ごしてもらう、お買い物をしてもらうためのお手伝いをする（努力する）のが、インフォメーションなのです。

それは、普通のことなんです。

そういえば、ニューヨークでカスタマーサービスについて調査した時、「特別なことはしていない」って言われたなと思い出します。（そういうことなんだ）

結局は、当り前の事を当り前に……できているかどうかが、大切なんだと思います。

HEPファイブCS（顧客満足）基本構想
DV（デベロッパー）インタビュー［2002年7月］

（社）日本ショッピングセンター協会、月刊誌「URERU」（現在はSC JAPAN TODAY）2002年9月号、「NEXT WAVE特集」より一部抜粋、転載。


【写真左】

清水裕之氏。阪急不動産株式会社　取締役　相談役。（インタビュー当時）

（略歴）1995年6月　同社代表取締役社長、2001年6月　同社代表取締役会長、2002年4月より現職。1997年より、株式会社ナビオ阪急 代表取締役社長兼務。2000年より株式会社阪急ファイブ　代表取締役社長も兼務。

【写真右】

筆者　的場みな子。業務受託　FIS事務所マネージャー

的場：こんにちは。お忙しいところ有難うございます。相変わらずHEPファイブSCは本当にたくさんのお客様でいつも賑わっていますよね。この人気の秘密について、当初から携わり、構想を練ってこられた相談役に是非お伺いしたいのですが。

清水：確かにたくさんのお客様にご来館頂いておりま

す。人気の要因として様々な事があると思われますが、要因のひとつとして考えられるのは、構想時にキーワードとした「エンターテイメント」ではないかと考えております。商業施設にエンターテイメントを取り入れる考えは、従来から色々な方々からの意見としてあがっていました。当初、実は、私はちょっと首をかしげていたんです。エンターテイメントを娯楽ととらえると、まあ何か催しをするわけです。催しは催しだけで人が集まってもそこで完結してしまい、売上に結びつかないのではないだろうか、そう思ってました。ナビオ阪急（現、ＨＥＰナビオ）では美術館を作り、大きなホールも作ったんですが、やはりそこはそれで完結した要素です。今度も文化がエンターテイメントに変わったところで同じではないか、との迷いもありました。しかし、エンターテイメントには、「おもてなし」という意味もあるのに気付きました。そのとき、目の前がパッと明るくなる思いでしたね。娯楽を提供してお客様に喜んでもらうのも、物品を提供してお客様に喜んでもらうのも、「おもてなし」という意味では根っこの部分は一緒ではないか。それなら、同じ建物の中に物販と娯楽を一緒にいれてもまったく違和感はないわけです。そんな経緯でキーワードに「エンターテイメント」を使うことにしたのです。

的場：そうですか。キーワードにされた「エンターテイメント」はたしかその頃は、まだあまり使われていなかったですよね。本当に素敵な建物が出来上がりましたね。

清水：まあ、その中でも「大阪の新名所」を目指して作った「赤い観覧車」は、来館されるお客様が、参加できる遊園地の要素を取り入れたものです。これは、１９９０年に「梅田にあったらいいものを一つ挙げて」というアンケート調査を実施したところ、男女ともに一位が「遊園地」でした。遊園地といえば、メリーゴーランド、ジェットコースター、観覧車です。これをヒントに大観覧車を作ることになりました。また、SC全体を象徴する何かを考えていたとき、元、米米クラブの石井竜也氏との出会いがありました。エントランスアトリウムの全長20mの「赤いクジラ」は石井竜也氏にエンターテイメントとエコロジーを感じる演出として、音楽と照明も含めて空間演出してもらいました。

的場：ビルの中の赤い観覧車（世界初）と赤いクジラは、初めてみる人に『驚き』と『感動』を与え、そして、『楽しさ』へつながっているのではないでしょうか。また、一度みたら忘れられないという人の声もよく聞きます。これもポイント高いですよね。

清水：あっ、そうそう、あなたがニューヨークに居る時に、「日本にないサービス」を探してきてと頼んだ事もあったなあ。SCによく見掛けるのは、きれいな女性を座らせた案内カウンターです。これでは、「おもてなし」に欠ける点があると考えていたからです。

的場：はい。私が、1995年にニューヨークで各種商業施設をみてまわって、帰国後、プロジェクトでご提案させてい頂いた経緯がありましたよね。それが、能動的な新しいタイプのインフォメーションとしてご提案した『動くインフォメーション』システムです。『こんにちは』とフレンドリーな挨拶と笑顔でお客様をハートフルにもてなしています。今では、そのスタッフを『HEP　BOY』とお客様に名付けて頂いて、愛称となっていますが。『HEP　BOY』もエンターテイメントの一役を担っているのではないでしょうか。ところで、オープンして、はや約4年が経とうとしていますが、SCの大競合時代の今、相談役としてはどのようにHEPファイブをみておられますか？

清水：SCは競争が激しい。その中で勝ち抜いていくには、「個性化」しかないです。どういうお客様を対象とするかという絞り方が大切です。その上で、まずコンセプトをしっかり持ち、それにあった〝これから旬になる店〟を勧誘していくことです。それが、SCの活性化につながります。従来型の待ちの姿勢では大切な個性がどんどん失われていきます。そのためにもDVとしては、常に勉強し、スタッフを育てていくことが必要です。

的場：そのとおりですね。今日は本当に有難うございました。これからもお客様に喜ばれるサービスのお手伝いを引き続き微力ながら頑張ってやっていきたいと思います。益々のご繁栄をお祈りします。

あとがき

2008年9月30日に業務を終了。

このヘップボーイの10年間を振り返り、形に残そうと文章を書き始めました。

まず、彼らの書いた10年分の「日報」を読み返すことから始めました。すごくたくさんの量ですが、今さらながら読むのが楽しいのです。

「すごい！　こんなしっかりしたことを書いてる」

「偉い。すごく働いてる」

「本当によくやってくれてたなぁ」

「一生懸命やってたなぁ」

と連呼する私に、横で中村が、

「おまえ、今頃なに言うてんねん。だから本で残すんちゃうんか！」と。

そのとおり、これを残さずにどうする……と思わせるような日報でした。

10年分のファイルを読み終えるまでに2ヵ月かかりました。


「経験はできる限りたくさんしたほうがいい」

「やったことがないより、何ごとでもいいから、やったことがあるほうがいい」

「知らないより知っているほうがいい」

とスタッフによく言っていました。経験なくして、前進なし、成長なし、だからです。経験は、良し悪しに関係なく、知恵を育んでくれます。

ヘップボーイという経験は彼らにとってどのようなものだったのでしょうか？

「『こんにちは』という挨拶一つに考えさせられ、常に改善を求められ、それに向かって努力する経験は他では絶対にできなかったと思います」

と語るスタッフがいます。多感な青春の一時期、お客様のことを考え、自分自身を磨くという経験をした彼らは、とにかく「ＨＥＰファイブ」が大好きでした。そんな「ＨＥＰファイブ」で働けたことを誇りとし、その後の人生の礎《いしずえ》となっているのかもしれません。

多くの卒業生が、
ヘップボーイ＝財産＝人生の礎と捉えていました。

「ヘップボーイは永遠！」

という言葉が、彼らの口から出た時、同時に『おもてなし魂』の礎が固まったことを実感しました。

私自身は、ヘップボーイにはなれないので、全体を見、個人を見ていただけでしたが、彼らによってお客様が笑顔になるのを見て、「楽しんでいただいている」と実感できた、楽しい毎日でした。

私にとっても、ヘップボーイは永遠です。

彼らは、間違いなく**コンシェルジュ型エンターテーナー**だったと確信しています。

動くインフォメーションのヘップボーイは、**ＨＥＰファイブの顔、広報担当として、お客様**

に正確な情報を提供する義務を負うため、弊社は**サービスレベルの『品質保証』を約束し**、スタートしました。10年間　完遂できたと思っております。

お客様、阪急グループの皆様、そして、ＨＥＰファイブのお店の皆様、長い間、ご声援いただき、本当にありがとうございました。心よりお礼申し上げます。

的場みな子

ヘップボーイ一同

◎ファイブインフォメーションスタッフ（通称：ヘップボーイ）
１９９８年〜２００８年（10年間）
総スタッフ数　１６４名
【内訳】
日本人　１０２名
欧米系　40名
アジア系（中国・台湾・韓国）　22名
※日本人スタッフは主に大学生　外国人スタッフは日本への留学生

◎（旧）阪急ファイブと（新）ＨＥＰファイブの概要
建築主（１）阪急不動産株式会社（物件主）
設立：１９５２年９月30日
代表取締役会長：佐藤鉄雄（ＨＥＰファイブ開発時。１９９５年６月29日就任）
代表取締役社長：清水裕之（ＨＥＰファイブ開発時。１９９５年６月29日就任）
※現在は阪急電鉄（株）の子会社となっている。

建築主（２）株式会社阪急ファイブ（管理運営担当）
設立：１９６８年３月18日
代表取締役社長：佐藤鉄雄（１９９８年当時）

代表取締役社長：清水裕之（2000年就任）

（旧）旧阪急ファイブSC
開業：1971年12月／閉館：1995年12月

（新）HEPファイブSC
着工：1996年7月／開業：1998年11月28日

エリアネーム：**H**ankyu **E**ntertainment **P**ark
敷地面積：5,542.14m²
建築面積：4,878.35m²
延床面積：52,755.02m²（法定45,768.56m²）
階数：地下3階、地上10階、塔屋1階
建物の高さ：GL＋48.8m
塔屋の高さ：GL52.8m
建築用途：物販店舗、飲食店舗　計153店
　イベントホール、アミューズメント（8階）
大観覧車：直径75m、ゴンドラ（4人乗り）52台
　定員208名、周回所要時間15分、乗り場7階
　高さ：GL＋106m（頂部）

総重量：606.4t（中心重量56t）

アトリウム演出
館内クジラ：赤マッコウクジラ　20m（約3t）／子どもクジラ　6m（約300kg）
作者：石井竜也（米米CLUB）

◎現在の管理運営担当会社

阪急阪神東宝グループ
阪急阪神ビルマネジメント株式会社
〒530-0001
大阪市北区梅田1丁目12-39　新阪急ビル内
TEL：06-6343-9003

代表取締役社長
代表執行役員　石東勇

担当役員
取締役PM事業本部長
専務執行役員　黒川真

（2008.9.30現在）

4,258万回の
「こんにちは」
おもてなし魂を育んだ『ヘップボーイ』の軌跡

2009年10月1日第1刷発行

著　　者……的場みな子
発 行 者……内山正之
発 行 所……株式会社西日本出版社
http://www.jimotonohon.com/
〒564-0044　大阪府吹田市南金田1-8-25-402
[営業・受注センター]
〒564-0044　大阪府吹田市南金田1-11-11-202
tel：06-6338-3078　fax：06-6310-7057
e-mail：jimotonohon@nifty.com
郵便振替口座番号00980-4-181121
編　　集……松田きこ
校　　正……沖 知美(株式会社 ウエストプラン)
デザイン……吉見まゆ子(鷺草デザイン事務所)
印刷製本……株式会社シナノパブリッシングプレス

ISBN978-4-901908-51-1 C0063